# DES LARMES DANS L'OMBRE

NATHALIE HÉBERT

# DES LARMES DANS L'OMBRE

## L'histoire d'une agression sexuelle

en collaboration avec Marc Pigeon

ÉDITIONS
TRUSTAR

ÉDITIONS TRUSTAR

Une division de Trustar ltée
2020, rue University
20e étage, bureau 2000
Montréal (Québec) H3A 2A5

Vice-président, éditions: Claude Leclerc
Directrice d'éditions: Annie Tonneau
Révision: Corinne De Vailly, Camille Gagnon
Correction: Claire Morasse
Photos des couvertures: Guy Beaupré
Couverture: Michel Denommé
Infographie: Jean-François Gosselin
Coiffure, maquillage et coordination: Machas Colas
Vêtements:
- Jeans: Tommy Hilfinger, Ogilvy
- Robe: Laudry Isy Shelli Segal, Ogilvy


Dépôt légal: premier trimestre 1998
Bibliothèque nationale du Québec
Bibliothèque nationale du Canada
ISBN: 2-921714-29-9

*À tous les artisans de mon malheur :*
*ma mère Raymonde, tante Nicole,*
*tante Rollande, tante Monique*
*et au travailleur social Frédéric Gentilly,*
*et à Georges Racine qui m'ont donné*
*le courage d'être ce que je suis aujourd'hui.*

*À mes enfants, Daphné et Marco,*
*ainsi qu'à leur père, Tony,*
*les personnes que j'aime le plus au monde*
*et qui m'ont donné le plus d'amour.*

*À Patrick, un ami aux prises avec*
*des problèmes de drogue, qui a choisi*
*de s'enlever la vie au moment même*
*où je travaillais sur cette autobiographie.*
*Que sa mort serve d'exemple...*

*Aux membres de la famille Racine,*
*que j'ai involontairement écorchés*
*au passage.*

*Distribution pour le Canada:*
**Agence de distribution populaire**
1261 A, rue Shearer
Montréal (Québec) H3K 3G4
Téléphone: (514) 523-1182
Télécopieur: (514) 939-0705

*Distribution pour la France et la Belgique:*
**Diffusion Casteilla**
10, rue Léon-Foucault
78184 Saint-Quentin-en-Yvelines Cedex
Téléphone: (1) 30 14 19 30
Télécopieur: (1) 34 60 31 32

*Distribution pour la Suisse:*
**Diffusion Transat S.A.**
Case postale 1210
4 ter, route des Jeunes
1211 Genève 26
Téléphone: 022 / 342 77 40
Télécopieur: 022 / 343 4646

# Table des matières

# Prologue

Il y a des moments où j'aimerais pouvoir effacer mon passé. D'autres où je souhaiterais me réveiller et sortir de ce cauchemar qui me pourchasse depuis tant d'années. Mais je dois me rendre à l'évidence : c'est ma réalité et je dois vivre avec elle. Elle fait partie de moi et c'est grâce à elle si je suis ce que je suis aujourd'hui.

J'aurais souhaité n'avoir jamais à écrire ce bouquin, et surtout ne jamais avoir vécu tout ce qui y est consigné. Mais, malheureusement, c'est la vérité. Triste, incroyable et cruelle, mais la vérité tout de même. J'ai choisi cette façon de prendre le virage de la trentaine, de tourner la page et de laisser derrière moi ces trente années de misère. En écrivant mes souvenirs, je souhaite les sortir de mon esprit et les coucher sur papier, afin qu'ils ne me hantent plus jamais.

Au fond, je sais bien que tout ça n'est qu'utopie. Mais de disséquer ma vie ainsi et de l'analyser comme je l'ai fait au cours de la rédaction de cette autobiographie et durant les mois qui ont précédé ce travail intensif m'a permis de me comprendre et de comprendre les agissements de certaines personnes qui m'ont fait mal.

J'ai donc choisi d'écrire la vérité. Ma vérité. Du moins l'interprétation que j'en ai faite. Celle que j'ai vue et vécue. Celle qui est demeurée gravée dans ma mémoire. Certes, la mémoire n'est pas parfaitement fiable, totalement impartiale, et elle comporte des omissions, des ambiguïtés et des erreurs. Elle est aussi vue à travers les lunettes de l'émotion. Mais c'est la mienne et j'ai choisi de la partager.

Pourquoi? Certainement pas pour être prise en pitié, pas plus que pour m'apitoyer sur mon sort ou pour être vue comme une héroïne. Non plus par vengeance ou pour régler des comptes. J'ai déjà fait face et déjà réglé ce que j'avais à régler. Je ne voulais pas non plus déterrer des morts pour le simple plaisir de le faire.

C'est plutôt parce que moi, je veux vivre. Je devais donc faire ce pas en arrière pour mieux aller de l'avant. C'était une façon pour moi de désamorcer lentement cette bombe qui «tic-taquait» en moi depuis des années.

J'ai envie que mon histoire diffuse un message d'espoir à l'attention des jeunes victimes d'abus physiques et sexuels, aux personnes aux prises avec des problèmes éthyliques ou de toxicomanie. Plutôt que de fuir sa réalité, on doit y faire face.

Depuis que j'ai fait face, j'ai repris confiance en moi et je me suis libérée de cette culpabilité et de cette honte qui m'habitaient. J'ai identifié mes lacunes et j'ai pris les mesures nécessaires pour les combler, pour prendre ma place dans ce monde d'adultes qu'on m'a forcée à intégrer. La démarche personnelle qui m'a menée à la rédaction de cette autobiographie m'a grandement aidée à redevenir moi-même.

J'ai donc choisi de dire la vérité et de faire face à nouveau. Par conséquent, je ne me cacherai pas derrière un pseudonyme pour me livrer. Tous les personnages de cette triste histoire sont authentiques et toujours vivants, sauf pour certains que j'identifierai tout au long de l'histoire. Sans toutefois révéler toutes les identités complètes, j'ai choisi d'en identifier certains par leur réel prénom. Seules les personnalités publiques et connues que j'ai fréquentées sont identifiées par leur nom. Bien que toute vérité ne soit pas nécessairement bonne à écrire, j'ai fait preuve de discernement pour livrer le récit détaillé et véridique de ma vie.

## CHAPITRE 1

# Une enfance mouvementée

Je dormais paisiblement lorsque, aux petites heures de la nuit, j'entendis du boucan dans la cuisine. Ces bruits inhabituels me sortirent de mon sommeil. Curieuse, je m'assis au pied de mon petit lit, question de me frotter les yeux et de reprendre un peu mes esprits. Par ma porte entrouverte, je vis les reflets de lumières clignotantes rouges et bleues. Lorsque je me levai pour aller voir à la cuisine de quoi il s'agissait, plusieurs policiers discutaient dans notre appartement. Mon frère et mes quatre sœurs étaient là aussi, pleurnichant.

Dans ma tête d'enfant de quatre ans, une multitude de questions défilèrent en un instant. Je n'arrivais pas à comprendre ce qui se passait. Qu'est-ce qu'ils peuvent bien faire chez nous? me demandai-je. Je fus apeurée, intriguée. Soudainement, je constatai l'absence de ma mère.

Je compris par la suite que son insouciance était à l'origine de l'intervention des policiers durant cette nuit de sommeil qui s'annonçait pourtant comme les autres. Ils avaient été alertés en raison de l'absence de ma mère à la maison et du fait que six enfants dormaient, seuls, dans notre petit appartement. Il ne fut pas bien long qu'ils débarquèrent chez nous, afin de nous prendre en charge, ma mère n'étant plus apte à le faire, selon eux.

Où pouvait-elle bien être? Pour l'heure, je n'en avais aucune idée, puisque j'ignorais même qu'elle était sortie! J'aurais pourtant eu besoin d'elle pour me rassurer, me réconforter. J'aurais souhaité me blottir dans ses bras. Ne pas l'avoir à mes côtés en ce moment si angoissant me tuait. J'aurais tout donné pour qu'elle soit avec moi cette nuit-là. Mais j'étais trop petite pour comprendre que si elle avait été là, les policiers, eux, ne l'auraient pas été...

Je comprenais mal ce qui se passait. Les policiers tentaient de se faire rassurants à notre égard, mais rien n'y faisait.

– Nous allons vous emmener ailleurs. Ne craignez rien, tout va bien se passer. Nous sommes là pour vous.

Nous pleurions sans arrêt, mon frère, mes quatre sœurs et moi; nous réclamions notre mère entre deux sanglots.

– Je veux voir maman! Où est maman? Pourquoi vous nous enlevez? Où m'emmenez-vous?

Les policiers pouvaient bien prononcer les plus beaux mots de la Terre, tout ce que je comprenais c'est qu'on nous arrachait à notre foyer familial. On nous fit habiller pour ensuite nous faire monter dans des voitures de patrouille et nous conduire je ne savais où. J'étais désemparée. De grosses larmes coulèrent sur mes joues tout au long du trajet.

***

À cette époque, il était fréquent que ma sœur cadette, Linda, se lève en pleine nuit pour aller se promener, sans que personne s'en inquiète. Elle avait un problème de somnambulisme, une question qui ne semblait guère préoccuper ma mère. J'avais plutôt l'impression qu'elle trouvait ça rigolo.

Je savais que ma sœur était aux prises avec un tel problème, mais jamais il ne m'avait été donné de constater *de visu* qu'elle se levait et sortait.

Cette nuit du printemps 1972, Linda avait été prise d'un autre épisode de ces automatismes inconscients, pendant que ma mère était sortie avec son copain Pierre. Endormie qu'elle était, ma sœur se leva de son lit, quitta sa chambre et se dirigea vers la porte de sortie de l'appartement. Elle avait ainsi pris le large et s'était rendue jusque dans la rue, pour faire une balade. Tout ça à l'insu de nous tous, puisque nous dormions à poings fermés. Évidemment, aucun adulte n'étant présent, personne ne s'en aperçut.

Mais une fillette de sept ans qui se balade dans les rues du plateau Mont-Royal, seule, la nuit, en jaquette, est vite remarquée. Elle le fut effectivement par quelqu'un qui connaissait vraisemblablement notre père, qui ne demeurait pas avec nous, puisqu'il en fut averti sur-le-champ. Notre père, Robert, fut furieux d'apprendre que Linda se baladait dans les rues, aux petites heures de la nuit. Dès qu'il l'apprit, il alerta les autorités, avec les suites que l'on connaît. Ce fut le début d'un long parcours.

## La fête des Mères

J'ai vu le jour quatre ans plus tôt, à l'hôpital Le Gardeur. Née le 8 mai 1968, j'étais une petite Taureau. Ma naissance rendit ma mère doublement heureuse, puisque non seulement elle devenait mère pour la seconde fois, mais aussi parce que je naissais la journée de la fête des Mères. Mon unique sœur, Linda, avait soufflé les trois bougies de son gâteau d'anniversaire quelques mois avant que je ne pousse mon premier cri.

Âgée de seulement vingt et un ans, Raymonde, ma mère, se trouvait bien jeune pour être responsable de deux enfants. Elle avait laissé son conjoint, Robert, quelques mois plus tôt. Robert était le père de Linda, mais pas le mien. C'est qu'après leur rupture, ma mère eut une relation éphémère avec un autre homme. C'était lui mon réel père. Du moins c'est ce que j'appris plus tard, par des membres de ma famille. Ma mère ne m'en parla jamais vraiment. Mais peu de temps après ma naissance, Robert revint dans le décor et les relations avec ma mère reprirent. Robert accepta même d'assumer officiellement sa paternité à mon égard. Nous vivions alors à Lavaltrie et je le considérais comme mon père.

Ma mère était bouchère, alors que Robert possédait une entreprise de sablage de planchers. Ils gagnaient bien leur vie et nous ne manquions de rien. À la maison, c'est ma mère qui portait la culotte et qui prenait toutes les décisions d'importance. Robert acceptait ses décisions sans rechigner. Il n'était pas du genre à discuter. Il aimait tant ma mère qu'il lui aurait décroché la Lune s'il l'avait pu. Alors, pas question de la contrarier et de risquer de lui déplaire.

Un an avant ma venue au monde, ma mère donna naissance à des triplés, qui décédèrent toutefois dans les heures qui suivirent l'accouchement. Ils étaient très petits à leur naissance et ne purent survivre. Il aurait été bien difficile pour ma mère de se retrouver avec quatre enfants, à vingt et un ans. Ce n'était toutefois que partie remise, puisque deux ans après ma naissance, elle accoucha de nouveau de triplés. Et ceux-là survécurent. Martine, Gaétan et Manon devinrent donc les nouveaux membres de la famille, qui venait d'être portée brusquement à cinq enfants.

## Le gouffre

La perte de trois bébés, puis l'arrivée subite de trois autres, ses quatre grossesses et son jeune âge sont les facteurs qui contribuèrent à plonger ma mère dans une dépression qui dura plusieurs années. Je ne me souviens d'ailleurs pas d'avoir vu ma mère heureuse. De la tristesse, de l'angoisse, de la fatigue et de l'épuisement découla la déprime. Un état qui ne fit qu'augmenter sa consommation d'alcool.

Ma mère et Robert buvaient pas mal. En fait, ils étaient alcooliques tous les deux. Ma mère trouvait dans l'alcool un moyen, lâche mais efficace, de s'évader de ses problèmes. Je crois qu'elle buvait pour oublier ses soucis. Pour oublier qu'à 23 ans, elle était déjà mère de cinq enfants.

Ma mère était issue d'une famille de onze enfants. L'attention des parents était donc partagée entre ces nombreux rejetons, ce qui en laissait bien peu pour chacun d'eux. Ma mère avait souffert d'un manque d'affection dans sa jeunesse et elle en souffrait encore même après être devenue mère elle-même. De plus, son père est décédé alors qu'elle n'avait que six ans et l'homme qui prit sa place était un alcoolique invétéré. Ma mère reproduisait donc avec nous le style de vie qu'elle avait connu dans sa jeunesse.

Elle en avait plein le dos du travail que lui occasionnaient ses cinq enfants. L'aînée, Linda, avait souvent pour tâche de s'occuper des plus jeunes, de nous faire boire et manger, de changer les couches ou de nous amuser. Petite fille aux cheveux châtains et frisés, tombant sur ses épaules, les yeux bleu-vert, elle était surnommée « les fesses de négresse », parce qu'elle avait un large fessier. Avec les travaux que Linda accomplissait à la maison, ma mère pouvait ainsi souffler un peu, penser à autre chose, se changer les idées... et se remettre du *party* de la veille. C'étaient d'énormes responsabilités qui reposaient sur les épaules d'une fillette de sept ans.

Moi, j'avais trouvé une façon de m'exprimer, de m'extérioriser... et de me faire remarquer. Mon côté artistique et ma passion pour la chanson me caractérisèrent très tôt. Dès mon plus jeune âge, je me donnais en spectacle. J'aimais la musique et la chanson. Lorsque nous avions des visiteurs à la maison, je rassemblais les invités au salon en plaçant les chaises en demi-cercle, afin de me faire valoir. Déguisée en chanteuse, munie d'une brosse à cheveux en guise de micro, que je reliais à une rallonge électrique improvisée, je chantais des chansons de Donald Lautrec et de Ginette Reno. Je montais sur un pouf qui me servait de scène et jouais du piano sur une petite table. C'était ma façon à moi de capter l'attention qui me revenait et qui me manquait tant. Aussi, je faisais bien rire l'assistance avec ma façon bien à moi de chanter : je prononçais toutes les consommes en T. Ainsi, « J'ai cueilli pour toi le soleil » devenait

« Té teulli tou toi te toteil! » Et ma mère, patiente dans ces uniques moments, me laissait faire mon spectacle. Me laissait être heureuse.

Dans la famille de ma mère, tout le monde chantait ou faisait de la musique. Ma mère et ma tante Cécile avaient fait la tournée des cabarets en tant que chanteuses et musiciennes. Lors de réunions de famille, la musique et la chanson étaient toujours au rendez-vous et j'aimais bien cette ambiance.

Je pris également l'habitude d'imiter Robert lorsqu'il était saoul. Je prenais plaisir à m'adresser à ma mère dans le jargon de Robert, une bouteille de bière vide à la main, tout en chancelant. Mais un jour, alors que j'avais consommé des médicaments à l'insu de ma mère, celle-ci commença à trouver que je l'imitais un peu trop bien. Elle se rendit rapidement compte que j'étais réellement dans un état anormal. On m'a conduite d'urgence à l'hôpital, où on a rapidement procédé à un lavement d'estomac.

Ma mère et Robert consommaient de plus en plus, à la maison. Dès qu'ils n'étaient pas au travail, ils avaient une bouteille de bière à la main. Ils commencèrent à recevoir à la maison des amis qui levaient le coude tout autant qu'eux. L'alcool devenait plus important que les enfants. Toute leur vie tournait autour de la bouteille. Il y avait toujours beaucoup de visite chez nous. Beaucoup de vacarme aussi. Des cris, des éclats de rire, de la musique et de la bagarre. C'est dans cet environnement que je passai mon enfance. Je savais bien que ce n'était pas normal pour une enfant de mon âge de vivre dans une telle atmosphère. Personne ne me l'avait dit, et je ne pouvais comparer ce mode de vie avec celui d'amis d'autres familles, parce que nous ne sortions presque jamais. C'était instinctif: je savais. Les caisses de bière traînaient toujours dans la cuisine, à notre lever, et les bouteilles vides encombraient les comptoirs.

Nous, les enfants, demeurions dans nos chambres et laissions toute la place aux ivrognes. En fait, je devrais dire que nous allions nous y réfugier, afin d'éviter d'être avec ces adultes qui, au fil des heures, devenaient de plus en plus gais, et de plus en plus agressifs aussi. Il valait mieux ne pas être dans leurs « pattes ». Mon instinct d'enfant me mettait ainsi à l'abri. Je faisais tout pour me faire oublier, de peur d'être victime d'une quelconque violence. Je savais bien qu'ils n'étaient pas dans leur état normal lorsqu'ils consommaient et que, par conséquent, tout pouvait arriver.

Ma chambre était peinte en blanc et un lit capitaine trônait au centre, sur le plancher de bois franc. Elle était située tout au fond de ce long appartement, près de la salle à manger. J'entendais donc parfaitement tout ce qui s'y passait. Bien que je fusse dans une pièce différente d'eux, j'avais conscience du déroulement de ces longues soirées de beuverie. Le climat était malsain, c'était palpable.

Trois ans après la naissance des triplés, ma mère eut un sixième enfant, Julie. Six enfants à 26 ans! Une autre épreuve pour ma mère dépressive. C'est peu de temps après qu'elle et Robert se quittèrent. Elle ne l'aimait plus, c'était clair!

Ma mère avait toutefois mis un certain temps avant de prendre sa décision et ils se disputèrent de plus en plus fréquemment, toujours avec plus d'intensité. Je me souviens d'un soir où elle avait verrouillé la porte d'entrée et l'avait forcé à aller coucher dans le hangar, derrière l'immeuble que nous habitions. Puis, un jour, elle le mit simplement à la porte, sans nous donner davantage d'explications.

Pour nous, la vie continuait. Robert ne s'occupait pas de nous. Il avait ses priorités, sa petite personne et sa boisson. Nous ne figurions pas dans ses plans... Jamais il ne me donna un bain. Jamais je ne le vis changer une couche. Même avec Robert à la maison, ma mère était seule pour s'occuper de nous.

Robert ne payait aucune pension alimentaire, ce qui rendait la situation financière de la famille précaire. Avec toutes les misères du monde, ma mère tentait de faire du mieux qu'elle pouvait. Heureusement, elle avait un emploi, ce qui lui permettait de joindre les deux bouts.

## Le fourbe

Puis, ma mère s'amouracha d'un autre homme. Pierre était un homme qui demeurait dans le voisinage. Il lui faisait de l'œil depuis un certain temps et lui parlait fréquemment. Je crois qu'il la courtisait depuis longtemps et que le départ de Robert l'avait bien arrangé.

Nous déménageâmes, ma mère, mon frère, mes sœurs et moi, dans un appartement de la rue Resther, sur le plateau Mont-Royal. Ma mère avait un emploi à la boucherie Mailhot, angle Parthenais et Mont-Royal. Pierre ne demeurait pas avec nous, mais il venait faire un tour régulièrement. Encore une fois, je sentais qu'une sorte de courant négatif se dégageait de cet individu. J'avais le sentiment que c'était un homme sournois, de qui il fallait se méfier. Il voulait conquérir le cœur de ma mère et, pour ce faire, il avait choisi d'amadouer ses enfants. Il semblait croire que si nous l'aimions, ma mère n'aurait d'autre choix que de faire comme nous et de l'adopter. Il nous gâtait beaucoup, nous donnait des friandises. Il se montrait gentil avec nous, mais je savais qu'au fond de lui, il était méchant. C'est quelque chose que je ressentais en moi, une espèce de *feeling* présent on ne sait pourquoi, mais qui persiste. Sans doute mon instinct d'enfant qui venait m'avertir... Les semaines et les mois qui suivirent confirmèrent cette mystérieuse impression.

Pierre était violent et alcoolique. Et ma mère l'imitait. Était-ce parce que nous étions à Montréal, parce que ma mère était encore plus dépressive, ou parce que Pierre avait une mauvaise influence sur elle? Je l'ignore. Chose certaine, ma mère buvait davantage et il y avait de plus en plus de visiteurs à la maison. Des amis venaient nombreux pour boire et festoyer avec eux. Plus les soirées s'étiraient, plus le ton montait. La musique, les cris, les engueulades d'hommes saouls, puis les bagarres se succédaient. Pas de place pour le respect dû aux enfants qui tentaient désespérément de dormir, retranchés dans leur chambre.

Nous, les enfants, demeurions le plus silencieux possible. Il n'était pas question de demander quoi que ce soit à maman lorsqu'elle était dans cet état. J'avais peur de cette violence et, bien qu'on n'ait jamais touché à un seul de mes cheveux durant cette période, je craignais d'être punie ou frappée si je les dérangeais. Nous, les enfants, nous restions seuls dans nos chambres, sans déranger. Nous demeurions sages afin de ne pas attirer l'attention sur nous.

J'avais développé un truc pour m'endormir : je faisais rouler ma tête de gauche à droite sur mon oreiller, les yeux fermés, en me chantant des chansons. De cette façon, je n'entendais plus le bruit des invités, ce qui me permettait de trouver le sommeil. Je m'endormais et j'attendais le jour, en souhaitant qu'il soit différent de la veille.

Un soir, alors qu'une de mes tantes était à la maison, elle entendit ce que je marmonnais en faisait aller ma tête de gauche à droite.

– Mô-man-t'es-folle! Mô-man-t'es-folle!

Ma tante eut tôt fait d'aviser ma mère de cet étrange comportement. Furieuse, ma mère me servit de sévères remontrances!

Je me sentais mal aimée. Je ne me souviens pas d'une seule fois où ma mère se soit assise au salon pour jouer avec moi. Jamais je ne fis un casse-tête avec ma mère, pas plus que je ne jouai à la poupée. Jamais elle ne m'a prise dans ses bras pour me bercer, me serrer fort et me dire qu'elle m'aimait. Je ne me sentais pas appréciée. Le seul moment où ma mère donnait l'impression de s'occuper de moi, c'est quand elle me laissait faire mes spectacles et qu'elle m'écoutait chanter.

Mais moi, je l'aimais. Malgré tout et inconditionnellement. Je l'aimais parce qu'elle était ma mère et qu'un enfant aime sa mère, peu importe ce qu'elle est et ce qu'elle fait ou ne fait pas. Même si parfois je me surprenais à la haïr pour certaines choses, je l'aimais beaucoup et ça, c'était très clair dans mon petit cœur.

À cause du caractère bouillant de Pierre, nous vivions dans une atmosphère tendue. Sans que je visse de mes yeux ces excès de violence, du moins à cette époque, j'entendis souvent des bruits et les cris de détresse de ma mère. Je l'entendais fréquemment crier: «Arrête! Arrête!» Sans l'avoir constaté et sans que personne ne me l'eût confirmé, je savais qu'il battait ma mère.

**L'insouciante**

Linda a toujours été une seconde mère pour nous. C'est du moins comme telle que je la considérais. Elle était la grande fille de la famille et prenait la relève lorsque ma mère était absente ou lors de ses grasses matinées au lit parce qu'elle avait trop festoyé la veille. Ma mère avait de la difficulté à se lever parce qu'elle était fatiguée et parce que l'alcool la rendait maussade et malade.

Un matin, réveillée par des bruits dans la cuisine, ma mère me manda dans sa chambre à coucher. Je me revois encore, à cette époque, vêtue en garçon, les cheveux courts, souvent ébouriffés. J'avais l'air peu soignée, négligée physiquement, résultat de l'insouciance de ma mère alcoolique.

– Nathalie, va voir ce qu'il y a dans la salle à manger...!

Le ton qu'elle empruntait laissait croire qu'il s'agissait d'une surprise. Je voulais savoir!

– Pourquoi, maman?

– Ne pose pas de question et va voir...

J'allais bientôt avoir ma réponse et comprendre pourquoi ma mère refusait de se lever. Les triplés avaient répandu du lait au chocolat et des spaghettis partout sur le plancher. Quel dégât! Tout était à nettoyer et ma mère le savait. C'est moi qui écopai du sale boulot de décrassage! Son *party* de la veille s'était terminé aux petites heures de la nuit et sa mine du matin en disait long sur l'état dans lequel elle s'était couchée. Évidemment, elle n'était pas en mesure d'aller ramasser les dégâts. Grâce à sa tactique, elle avait réussi à se soustraire à ses problèmes, une fois de plus.

Linda prenait aussi la relève lors des fréquentes absences de ma mère. Et Dieu sait qu'elle a été absente souvent. Même si je ne me souviens pas de l'avoir vue sortir, je sais qu'elle partait de la maison, la nuit, quand nous étions tous endormis. Elle allait dans des restaurants, ou faire la fête dans des bars ou chez des amis, nous laissant seuls à la maison. Linda n'avait que sept ans à cette époque! Et si l'un de nous avait été malade? S'il y avait eu un incendie? Ma mère ne semblait pas s'en soucier. Qu'importe si ces abandons étaient d'une irresponsabilité totale, son bonheur immédiat primait.

Les sorties nocturnes de ma mère étaient fréquentes. Il m'arrivait régulièrement de me lever en pleine nuit et de constater son absence. Mon estomac se nouait d'angoisse et mon cœur palpitait très fort. Je faisais le tour des pièces de notre appartement pour constater que mes frères et sœurs y étaient, mais pas notre mère. Je sortais alors en courant dans la rue, à sa recherche. J'allais, entre autres, chez la mère de Pierre, qui demeurait à proximité et qui nous gardait à l'occasion. Souvent, elle ne répondait pas à mon coup de sonnette. Et lorsqu'elle répondait, ma mère n'y était jamais. Je retournais alors à la maison, la mine déconfite. Je devais me résigner à aller me coucher et à attendre son retour. Dans ces moments de grandes inquiétudes, j'allais me coucher dans le lit de ma grande sœur Linda. Je m'endormais dans ses bras, légèrement réconfortée.

Ce fut lors de l'une de ces sorties clandestines de ma mère que je me réveillai et que j'aperçus le clignotement des lumières rouges et bleues dans l'entrebâillement de ma porte de chambre...

# Chapitre 2

# Une tante qui n'aimait pas les enfants

En pleine nuit, on me conduisit dans un centre d'accueil. J'y demeurai très peu de temps, puis on m'emmena par la suite chez ma tante Nicole. Deux de mes sœurs, Linda et Manon, furent aussi placées chez elle. Ma tante habitait le premier étage d'un triplex de la rue des Érables, dans l'est de Montréal, tout près de chez ma grand-mère maternelle. Ma tante m'expliqua que nous n'y étions que temporairement et que nous devions retourner avec notre mère plus tard. Moi, tout ce que je souhaitais, c'était de revoir ma maman.

Lorsque la police était arrivée à la maison, ma mère n'y était pas et je ne l'avais pas revue depuis déjà quelques jours. Je m'ennuyais terriblement d'elle. Elle me manquait plus que jamais. Je me sentais seule, extrêmement seule. Ce n'était pas un sentiment de rejet ou d'abandon, cette fois-ci. C'est comme si on m'avait enlevée à elle, comme si j'avais été arrachée de ses bras.

**La méchante**

Tante Nicole demeurait avec son conjoint, Gilbert. Nous l'appelions affectueusement «Bobert».

Elle était petite et grassouillette, avait les yeux verts tirant sur le marron et portait les cheveux longs jusqu'aux fesses. Ce qui la caractérisait, c'était son air méchant. Son visage dégageait la méchanceté, la haine et la cruauté. Elle avait les traits durs et, à la regarder, c'était évident qu'elle était méchante. D'ailleurs, tous les enfants qui la connaissaient en avaient peur. C'était la mégère de la famille.

Gilbert et elle avaient trois enfants, deux garçons et une fille. Les pauvres étaient presque pris en pitié par les cousins et cousines de la famille élargie, parce qu'ils avaient Nicole comme mère. Secrètement, on les plaignait beaucoup. C'est qu'elle était très sévère et stricte avec ses enfants. De plus, elle était vulgaire et jurait comme un bûcheron.

Avant même de mettre les pieds chez elle, je la craignais. Lorsque j'appris que j'allais y vivre un certain temps, je fus terrorisée. Je m'interrogeais, dans ma petite tête d'enfant: allait-elle être aussi impitoyable avec moi qu'avec ses enfants? De tout mon cœur, je souhaitais que non.

Le pire, c'est qu'elle gardait régulièrement des enfants que l'État lui confiait, en tant que foyer d'accueil. Bien entendu, elle était payée pour le faire et, selon moi, c'était là sa seule motivation. Je dis ça parce qu'elle les maltraitait psychologiquement et que, en plus, elle semblait y prendre un malin plaisir. C'était à n'y rien comprendre. Il était évident qu'elle n'aimait pas les enfants. C'était une véritable matrone. Elle ne souriait jamais et avait constamment un air bourru.

Quant à son mari, Gilbert, c'était une armoire à glace. Cheveux noirs et courts, yeux bleus, il avait aussi de grosses mains imposantes. Un vrai ours. Lorsqu'il parlait, il imposait le respect.

À mon arrivée, l'atmosphère était froide. Devant la travailleuse sociale, tante Nicole jouait son rôle de bonne mère de famille. Elle avait vraiment une double personnalité. Elle me tapotait hypocritement l'épaule en me disant de ne pas m'inquiéter, que tout allait bien aller.

Je compris vite cependant qu'elle allait nous traiter comme les enfants qu'elle gardait. Ma sœur Manon fut rapidement son souffre-douleur. Elle était toujours sur son dos. Manon, qui n'avait que trois ans, faisait toujours quelque chose de mal et s'attirait les foudres de Nicole comme un aimant attire le fer. Il faut dire que Manon pleurait souvent. Mais pour une fillette de cet âge, d'être à la fois séparée de sa mère et de ses jumeaux devait être terrible. Elle s'extériorisait en pleurant régulièrement. Plutôt que d'avoir un peu de compassion pour elle et de la traiter comme une enfant triste doit l'être, tante Nicole était vulgaire avec elle, la frappait et la martyrisait.

**Le bouchon**

L'abandon de ma mère et la hargne de tante Nicole n'étaient pas sans nous perturber. La plus troublée de nous trois fut évidemment Manon. Elle était la plus jeune, avait été séparée à la fois de ses jumeaux et de sa mère et devait en plus supporter la méchanceté de Nicole. Ce mauvais climat provoqua des troubles de comportement chez Manon.

D'abord, elle pleurait régulièrement. Ces pleurs ne faisaient qu'attiser la colère de Nicole, qui lui criait toujours après et qui la frappait.

– Tu ne sais pas pourquoi tu pleures, ma maudite vache? Bien moé je vais t'en donner une raison de brailler!

Elle la frappait, ce qui faisait pleurer Manon davantage. J'avoue que je ne compris jamais la tactique de tante Nicole. Enfin...

Les selles de ma sœur furent le second symptôme des problèmes de Manon. À force de se voir toujours persécutée par tante Nicole, la petite n'allait plus faire caca. J'ignore pourquoi, mais tante Nicole lui répétait de se retenir plutôt que d'aller à la selle. Puisque chacun de ses gestes provoquait la fureur de Nicole, Manon avait peur de faire quoi que ce soit. Aller aux toilettes faisait partie de ces gestes que craignait Manon. Elle se retenait donc parfois sur de très longues périodes.

Évidemment, c'était prévisible, elle eut des problèmes reliés à cette attitude défensive. Des maux de ventre épouvantables. Elle pleurait et criait de souffrance. Nicole la traitait de «niaiseuse» ou de «pourriture» parce qu'elle se tordait de douleur.

Un bouchon se forma même dans ses intestins. Ce n'est que plusieurs mois plus tard, après avoir été placée dans une autre famille d'accueil, qu'elle fut auscultée par des médecins, en raison de ces blocages intestinaux. Les médecins durent lui enfoncer des doigts dans l'anus pour le faire se dilater. C'est de cette façon qu'on réussit à débloquer ses intestins.

Nicole terrorisait Manon. Je crois que ma sœur en avait développé un réel traumatisme, une hantise. Ma mère s'occupait de nous de façon négligente, certes, mais c'était le paradis à côté de ce que Nicole nous faisait vivre. Il y avait de quoi être perturbée. Ma sœur avait tout juste trois ans.

**La cuvette des toilettes**

Autant Manon avait de la difficulté à déféquer, autant elle avait de la facilité à vomir. C'était là le troisième problème de Manon depuis notre arrivée chez notre marâtre. Je ne crois pas que ce fut un problème physique. C'était beaucoup plus émotif qu'autre chose. Quoi qu'il en soit, Manon était toujours malade, notamment lors des repas et quand Nicole criait après elle.

Un matin, alors que Linda peignait mes cheveux au salon, je me souviens que Manon eut droit à toute une leçon. Je crois d'ailleurs que c'est comme ça qu'ont véritablement débuté les sévices physiques. Manon était à table mais, comme c'était son habitude, elle traînait en longueur. Manger était toujours fastidieux pour Manon. Nicole en avait assez et lui cria de s'activer.

– Vas-tu te grouiller? On n'a pas que ça à faire aujourd'hui!

Manon devint nerveuse et se mit à vomir sur ses vêtements et le plancher. Il n'en fallut pas davantage pour déclencher une terrible colère chez Nicole. Elle s'approcha de Manon en lui criant des bêtises et en la culpabilisant davantage. Manon tremblait. Elle ne disait rien et fixait le sol. Elle appréhendait la suite des événements. Avec Nicole, tout était possible...

Nicole agrippa Manon par les cheveux et la décolla de sa chaise. C'est en ne lâchant pas prise qu'elle la tira violemment, en jurant, jusque dans la salle de bains. Elle tirait Manon par les cheveux et par un bras. Ma pauvre sœur n'avait d'autre choix que de suivre. Elle était couverte de vomissures et ne cessait de pleurer. Une fois dans la salle de bains, Nicole saisit la tête de Manon pour l'enfoncer dans la cuvette des toilettes.

– Vas-tu comprendre une fois pour toutes? C'est ici qu'on vomit!

**L'affreux repas**

Manon eut ainsi sa leçon et savait maintenant où vomir. Mais cela ne l'empêcha toutefois pas de le faire régulièrement, ce qui mettait Nicole en furie. En fait, tout la mettait hors d'elle. Ma jeune sœur faisait vraiment pitié à voir. Nous aurions bien voulu que Nicole lui donne du répit, mais ce n'était jamais le cas.

Il était donc fréquent que Manon ait des nausées, surtout lors des repas. Tante Nicole la harcelait pour qu'elle mange, ce qui faisait augmenter le niveau de stress chez ma cadette. Lorsqu'elle n'en pouvait plus, tout ressortait, ce qui rendait ma tante folle de rage. C'était devenu un cercle vicieux.

Un midi, alors que nous étions tous à table devant des pâtes à la sauce tomate, évidemment Manon vomit. Elle n'eut pas le temps de se rendre à la salle de bains et le fit dans son assiette. Furieuse, tante Nicole se leva d'un bond et se dirigea vers le comptoir de la cuisine. Elle ouvrit le tiroir à ustensiles d'un seul coup et revint vers la table avec une cuiller.

– T'as vomi dans ton bol, alors tu vas le manger. Allez! Mange, maudite cochonne!

Manon jeta un coup d'œil rempli de détresse en notre direction. Nous avions la nausée pour elle. Que pouvions-nous faire pour lui venir en aide sans écoper à notre tour? Elle avait la cuiller en main mais hésitait à manger ce qu'elle venait de régurgiter.

– Mange, petite garce!

Manon n'eut pas le choix et dut obéir. Elle ferma les yeux en grimaçant, ramassa une cuillerée pleine de souillure et la porta à sa bouche. Instantanément, Manon dégorgea de nouveau. Tante Nicole fulminait. Elle s'élança et la gifla derrière la tête en lui ordonnant de continuer à manger, tel un général à son soldat. Manon voulait bien lui obéir, mais son estomac refusait. Elle pleurait en silence. Après quelques essais, tante Nicole abandonna son idée saugrenue et envoya Manon dans sa chambre. Le ventre vide, ma sœur y passa la nuit en pleurant.

Pour Linda et moi, ces scènes, qui se répétèrent à plusieurs reprises, étaient très dissuasives. Tante Nicole n'eut jamais besoin de nous dire quinze fois de manger notre soupe. Nous savions ce qui nous attendait, alors nous lui obéissions au doigt et à l'œil.

Dans ma tête, une seule phrase revenait constamment: «T'es chanceuse que je sois petite, parce si j'étais aussi grande que toi, tu goûterais à la même médecine.» Malheureusement, je n'étais pas en âge de lui tenir tête.

## Le col roulé

Quoi qu'elle fasse, Manon craignait de se faire disputer, frapper ou insulter. Elle ne savait jamais si tante Nicole allait soudainement trouver que ce qu'elle faisait était mal. Conséquence : Manon vivait dans un état de stress constant. Elle s'attendait toujours à se faire rabrouer. Je la vois encore debout dans le coin, les bras le long du corps, tremblante, attendant de se faire disputer.

Elle était régulièrement rouée de coups par tante Nicole. Dès que quelque chose la contrariait, celle-ci frappait ma sœur d'une claque derrière la tête ou sur les bras, lui tirait les cheveux, la poussait ou lui tordait un bras. Tout était prétexte à la violence physique sur son souffre-douleur favori. Je suis convaincue qu'elle prenait plaisir à faire souffrir les enfants.

Un matin, alors que tous déjeunaient, tante Nicole cria après Manon qui refusait de manger. Elle n'avait pas d'appétit, disait-elle. Après un instant, voyant que Manon ne mangeait pas davantage ses rôties, tante Nicole leva le bras pour la frapper derrière la tête. Linda et moi baissions les yeux et ne faisions pas un bruit. Nous étions les témoins impuissants de cette animosité démesurée. La gifle n'eut pas le résultat escompté par ma tante et ne fit que faire pleurer Manon davantage.

Tante Nicole se leva alors subitement et, furieuse, empoigna Manon par les cheveux et l'emmena, en la tirant par la crinière, jusque dans sa chambre à coucher. La mégère referma la porte derrière elle, de sorte qu'on ne sut pas ce qui s'y passait exactement. Nous avons entendu des bruits insolites et... les pleurs et les cris de Manon. C'était évident: elle se faisait battre de nouveau. Nous avions du chagrin pour elle, mais que pouvions-nous faire?

À un autre moment, j'entrai dans la maison alors que Manon se faisait de nouveau disputer. Cette fois, c'était oncle «Bobert» qui grondait Manon. Il la tenait par le cou, d'une seule main. Manon était soulevée de terre et avait les yeux à la même hauteur que ceux de l'oncle. Elle avait le teint livide et les lèvres bleutées. Ses jambes se balançaient dans le vide. Il criait après elle pour une raison que j'ai oubliée. Lorsqu'elle m'a vue entrer, Nicole lança un ordre à son mari.

– C'est bon; tu peux la lâcher!

Gilbert lâcha tout simplement prise et Manon tomba au sol, aux pieds de son bourreau. Elle venait de faire une chute de près de six pieds!

Il était fréquent que ce soit Gilbert qui maltraite Manon. Le jour, c'était Nicole, et le soir, «Bobert» prenait le relais. Nous étions frappées si souvent que tante Nicole était gênée des marques laissées sur notre corps et qui pouvaient témoigner des mauvais traitements dont nous étions victimes.

Pour cacher ces évidences, tante Nicole avait trouvé un truc. Elle était très inventive lorsqu'elle le voulait bien. Elle nous faisait ainsi porter des chandails à col roulé, de façon à cacher le plus possible ces marques de cruauté envers nous. Le seul ennui, c'est qu'elle nous faisait aussi porter ces vêtements en plein été, sous des chaleurs torrides!

## La seconde victime

Linda et moi assistions, totalement paralysées, aux mauvais traitements dont Manon était victime. Je me demandais toujours quand viendrait mon tour. Linda était une fille renfermée, timide, une fille introvertie. Je dirais même sauvage. Elle prit rapidement sa pilule et se mêla de ses affaires. Elle était peinée de voir Manon se faire maltraiter de cette façon, mais Linda avait compris qu'elle ne pouvait rien pour améliorer la situation.

Par contre, moi, à une certaine époque, je tentai de prendre la défense de ma sœur cadette. Mon caractère combatif ressortait déjà à cette époque. J'étais persévérante et déterminée. Je tenais donc tête à ma tante et lui disait qu'elle n'avait pas le droit de nous faire du mal. Je lui répondais lorsqu'elle nous ordonnait de faire ceci, ou nous interdisait de faire cela.

– T'es pas ma mère!

– Ta mère est pas là, pis c'est moé que tu vas écouter!

Puis, je prenais un malin plaisir à la contredire sur tout. Par exemple, je refusais d'aller au lit lorsqu'elle me le disait, de ranger mes jouets ou de manger. Je ne cessais de me répéter qu'elle n'était pas notre mère pour nous imposer ce mode de vie. Mes tentatives pour la défense de ma sœur et cette obstruction systématique ont été perçues comme un affront. Elle ne le supportait pas. Mon comportement se retourna vite contre moi et j'en payai le prix allègrement. Elle se mit à me frapper à mon tour.

Pour elle, un enfant n'était pas un être humain. Je n'avais pas le droit de donner mon opinion sur quoi que ce soit. Dès qu'il m'arrivait de dire ce que je pensais sur un sujet donné, tante Nicole me faisait savoir de la fermer.

– Farme ta boîte et mêle-toé de tes affaires! Quand on te parle pas, parle-nous pas!

Évidemment, je la contredisais et je voulais avoir raison. C'est dans ces moments qu'elle brandissait la *strap,* une ceinture à bout métallique. J'avais toujours cette épée de Damoclès suspendue au-dessus de la tête : si je n'écoutais pas, j'étais frappée. Elle me giflait au visage, me serrait les bras ou me tirait les cheveux fréquemment. Néanmoins, c'était moins pire que ce qui attendait Manon. Elle, elle n'avait même pas droit à un avertissement!

J'étais très malheureuse. J'allais chercher un peu de réconfort dans les bras de Linda, la grande, la raisonnable. Ma seconde mère. Elle m'apportait un certain soulagement. Blottie contre elle, j'avais une certaine impression de sécurité.

Je m'ennuyais énormément de ma mère. Le soir, dans mon lit, je pleurais. Presque chaque soir, je m'endormais les yeux mouillés. Sous mes couvertures, seule, je pensais à ma mère qui nous avait abandonnées aux mains de son impitoyable sœur. Je lui en voulais terriblement, mais en même temps, j'aurais tant aimé qu'elle vienne me chercher, me sauver.

Tante Nicole nous faisait toujours sentir de trop. Elle avait du plaisir à nous écraser, à nous comparer à un tas de merde. D'ailleurs, elle ne se gênait pas pour nous dire clairement que nous étions un fardeau pour elle. Comme si nous insistions pour rester. Tout ce que nous souhaitions, c'était sortir de là!

## Les fesses

Je couchais dans la même chambre que la fille de tante Nicole, France. Elle ne nous aimait guère non plus. Probablement parce que mes sœurs et moi prenions la place qu'elle aurait souhaité occuper dans la maison. Je ne sais pourquoi, mais France appréciait les moments où je me faisais prendre en défaut par sa mère. Un peu à l'image de sa mère, elle jubilait lorsqu'on me disputait, me frappait, ou que je souffrais.

Un soir, peu après le coucher, elle avait remarqué que je m'étais gratté sur une fesse. France n'avait fait ni une ni deux, et avait lancé un cri à sa mère.

– Maman, Nathalie se joue dans le derrière!

Comme si ça lui faisait plaisir de pouvoir venir me réprimander, tante Nicole arriva à la vitesse de l'éclair, furieuse.

– Allez! Lève-toi et suis-moi, petite cochonne! Grouille!

Je me levai et ai suivi tante Nicole jusqu'à la cuisine. Elle faisait face au comptoir et me tournait le dos. Je ne pouvais donc voir ce qu'elle mijotait. Je l'entendais toutefois marmonner des paroles peu flatteuses à mon égard. Puis elle se retourna en me tendant une soucoupe remplie de petites graines rouges, orange et jaunes.

– Tu vas apprendre à te lâcher le derrière. Allez! Mange tout ce qu'il y a dans ce plat. Ensuite tu pourras retourner te coucher. Te jouer dans le derrière à ton âge... Tu devrais avoir honte...

En jetant un coup œil dans cette soucoupe, je m'aperçus rapidement de quoi il s'agissait : du chili broyé! Elle voulait que je mange ces miettes que l'on saupoudre sur les spaghettis pour leur donner du piquant. Je regardai ma tante d'un air interrogateur. Le visage méchant, elle arborait un petit sourire sadique. Elle m'ordonna de nouveau de manger, ce que je fis, par dépit. Un seul mot résonnait dans ma tête, encore et encore : «Mange!»

Je n'avais d'autre choix et c'est ce que je fis. Ma bouche brûlait, tout comme ma langue et mes lèvres. Je n'en pus plus et je vomis. Comme ma sœur, je ne m'étais pas rendue à la salle de bains et j'avais régurgité ces infectes graines colorées dans la soucoupe. Tante Nicole devint encore plus enragée qu'elle ne l'était, comme si j'avais fait exprès. Et elle recommença à crier :

– T'as pas compris ce que je t'ai dit? Mange! Vomis pas, mange!

Elle me tendit alors ma cuiller et m'ordonna de manger ce que je venais de renvoyer. Je la regardai d'un air incrédule, mais je compris vite que sa décision était sans appel. Je devais manger mes vomissures, mêlées des miettes de chili broyé. En fermant les yeux, en prenant une profonde inspiration, c'est ce que je fis. Mais aussitôt, je renvoyai de nouveau. Elle me criait sans cesse de manger. Mes lèvres, ma langue et mes doigts brûlaient. Après quelques minutes infernales, elle lança la serviette et m'ordonna d'aller me coucher.

Dans la chambre à coucher, France semblait attendre mon retour avec impatience. Dans le noir, j'avais l'impression qu'elle souriait. Je ne la vis pas mais je l'entendis.

– C'est bien bon pour toi. Ça t'apprendra!

Je pleurai dans mon lit. Je me demandai où était ma mère, ce qu'elle faisait, quand elle viendrait me chercher, si elle pensait à nous. Comme c'était régulièrement le cas, je m'endormis en pleurant.

## Les bobettes

Tout était un prétexte à nous humilier. Tante Nicole y prenait un malin plaisir. Elle nous punissait ou nous frappait pour des riens. Parce que j'avais laissé tomber un plat par terre ou parce que j'avais oublié de ranger mes vêtements, elle nous tombait dessus à bras raccourcis pour nous corriger. Elle n'avait aucune raison de le faire, ce qui me fait dire qu'elle y prenait plaisir.

À l'âge que j'avais, évidemment, j'allais aux toilettes seule. Mais lorsque j'allais à la selle, il m'arrivait de mal m'essuyer les fesses. Tante Nicole s'en apercevait lorsqu'elle préparait ses brassées de lessive. Mes sous-vêtements présentaient des traces foncées, ce qui la mettait en rogne.

L'une de ces fois, alors qu'elle était de mauvais poil, elle me cria de la rejoindre dans la salle de lavage. Je me demandais bien ce qu'elle me voulait, qu'est-ce que j'avais bien pu faire de mal, cette fois-ci. Elle m'exhiba alors le sous-vêtement en criant vulgairement.

– Le vois-tu, là, que tu n'es qu'une petite cochonne?

Elle prit alors le slip d'une de ses mains et me le plaça sur le visage. Je me demandais bien ce qu'elle faisait là. J'en avais des haut-le-cœur, ça sentait la merde. Pendant de longues secondes, elle me frotta le visage de cette petite culotte souillée de traces brunâtres, en criant que je devais apprendre à m'essuyer correctement!

**La sauveuse**

La travailleuse sociale qui nous suivait ignorait tout des mauvais traitements dont nous étions victimes, mes sœurs et moi. Évidemment, tante Nicole s'abstenait de nous gronder lorsqu'elle nous rendait visite. J'ignore pourquoi, mais nous ne lui fîmes jamais part de la violence qui habitait ma tante. Probablement parce que c'était la sœur de maman. Peut-être aussi parce que nous craignions que ce soit pire si elle apprenait que nous l'avions dénoncée.

Lors d'une de ces rencontres, la travailleuse sociale m'avait informée qu'elle cherchait pour moi un autre endroit où je pourrais aller vivre. Elle m'avait expliqué que Nicole avait assez d'ennuis comme ça, suffisamment d'enfants dont elle devait s'occuper. Tante Nicole, visiblement heureuse de voir l'heure de mon départ approcher, m'avait d'ailleurs déjà fait part de sa joie.

– La travailleuse sociale s'en vient: enfin, tu vas débarrasser! De toute façon, je suis tannée de toé. C'est une maudite bonne chose!

En me disant ça, elle croyait bien être cruelle avec moi et me faire de la peine, comme d'habitude. Elle se trompait. Cette fois, je fus très heureuse d'être rejetée, d'apprendre que j'allais enfin aller vivre ailleurs. Sans savoir où j'allais aboutir, j'étais convaincue que cela ne saurait être pire que chez elle.

La travailleuse sociale me rencontra donc, seule, à la cuisine. Elle me dit que j'allais être placée chez un autre membre de la famille de ma mère, Lucien. Celui-ci vivait avec son épouse, Diane. Ma sœur Martine y demeurait déjà. Ça ne devait être qu'une mesure temporaire. Mais je pris le mot «temporaire» au pied de la lettre et je m'arrangeai pour ne pas y rester longtemps.

Deux jours après mon arrivée chez eux, je saisis un couteau à pain et me le plaçai sur la gorge en leur faisant valoir mon désir de quitter cet endroit. C'est que, dans mon esprit, tous les membres de la famille de ma mère se ressemblaient. Des oncles et des tantes avaient vu Nicole nous maltraiter sans rien dire. Pour moi, s'ils avaient refusé d'intervenir pour faire arrêter cette violence, c'est qu'ils la cautionnaient. Je craignais que ce soit la même chose chez Diane que chez Nicole. L'épisode du couteau les fit réagir vivement de sorte que, dès le lendemain, je les quittai. La travailleuse sociale vint me rendre visite, pour m'expliquer qu'on m'avait trouvé une famille d'accueil: la famille Racine, à Sainte-Julienne, près de Rawdon, dans Lanaudière.

Dès le lendemain, elle vint me chercher. J'ignorais si je devais y demeurer longtemps ou non. J'avais toujours espoir que ma mère me reprenne sous son aile à brève échéance. Et la travailleuse sociale prenait bien soin d'éviter le sujet et demeurait très imprécise lorsque j'amenais le sujet sur la table.

C'est à bord de sa petite camionnette que nous nous sommes dirigés chez les Racine. On avait placé tous mes bagages dans le véhicule, ce qui me laissait croire que j'y serais pour plus longtemps que quelques jours. Je fis tout le trajet assise sur la banquette arrière. En pleurant.

J'interrogeai la travailleuse sociale sur ma mère. Je voulais savoir où elle était, ce qu'elle faisait, pourquoi elle ne revenait pas me chercher? Quand allais-je enfin la revoir? Mais la travailleuse sociale louvoyait dans ses réponses tel un politicien devant une meute de journalistes affamés. Elle me dit simplement que ma mère n'était pas en mesure de s'occuper de nous, qu'elle recevait des soins, qu'elle était suivie.

Elle ne cessa jamais de parler, de sorte que je n'eus plus le temps de penser. C'était d'ailleurs son but, je crois. Tout au long des kilomètres que nous avons parcourus, elle me parla de la vie que j'allais mener chez les Racine. Elle se faisait rassurante et, plus nous avancions, plus j'avais confiance en elle. Elle me décrivit le foyer des Racine comme un endroit où il faisait bon vivre. Elle précisa que le couple avait trois enfants légèrement plus âgés que moi. Je ne peux dire que j'avais très hâte d'arriver, mais j'avais tout de même l'esprit plus tranquille.

## CHAPITRE 3

# Quand le rêve devient un cauchemar

C'était l'automne. Les arbres de Lanaudière ne portaient plus que quelques feuilles. La camionnette dans laquelle je prenais place avec la travailleuse sociale entra dans la cour d'une grande maison de Sainte-Julienne.

– Nous sommes rendues, Nathalie. C'est maintenant ici que tu demeureras, me dit-elle.

Ce qui me frappa fut la toiture orangée de la maison voisine des Racine. C'était plutôt singulier. Je n'avais jamais vu ça. Chez les Racine, il n'y avait rien de bien spécial. Je constatai une longue entrée au bout de laquelle était érigé un grand garage clos par deux portes à carreaux. À gauche se dressait leur maison, grande et blanche.

### La poupée

Thérèse Racine s'avança vers moi avec ses trois enfants, Louise, François et Danielle. Souriante, elle me salua cordialement. Madame Racine était une femme grande et bien portante. Ma timidité était palpable. Pendant que la travailleuse sociale discutait avec la mère de famille, les trois enfants Racine, excités de voir une nouvelle pensionnaire arriver dans leur vie, prirent bien soin de moi. Rapidement, ils me mirent à l'aise et m'entraînèrent avec eux dans leur demeure. La grandeur de la maison m'impressionnait beaucoup. Ils entreprirent de m'en faire une visite guidée.

À l'étage principal, se trouvaient la cuisine, le salon, la salle de bains et la chambre à coucher des parents. Je remarquai que le sapin de Noël trônait déjà au milieu du salon et scintillait de ses lumières clignotantes et de ses glaçons. À bien y regarder, je remarquai que mon nom figurait déjà sur quelques cadeaux de Noël! Dans la salle de bains, je trouvai des petits savons transparents avec des petites boules de couleur à l'intérieur. C'était particulier! Sur le comptoir de la cuisine, quelques poissons multicolores dans un aquarium attirèrent mon attention. Une odeur de plats cuisinés embaumait la maison. L'endroit était chaleureux et débordait de joie de vivre. L'ambiance des fêtes, les décorations et les rires des enfants, voilà ce qu'il fallait pour faire vivre une maison.

Louise me prit sous son aile, comme sa protégée, pour me faire visiter la maison. À l'étage se trouvaient les diverses chambres à coucher des enfants. J'eus l'agréable surprise de constater qu'un espace et un lit avaient déjà été aménagés pour moi. Il s'agissait d'un lit pliant placé non loin de celui de François, en haut de l'escalier. Ça me fit chaud au cœur. Je me sentis attendue et espérée.

Pour la première fois de ma vie, je trouvai une chaleur familiale et humaine, une cordialité étonnante, comme je n'en avais jamais connue. Ces gens semblaient former une véritable famille et ils m'acceptaient pour que, moi aussi, j'en fasse partie. Les enfants s'occupèrent de moi comme d'une petite poupée de porcelaine, en faisant bien attention à moi, en me protégeant et en m'expliquant tout. Ils avaient vraiment l'air d'être contents d'avoir une nouvelle pensionnaire. Pour eux, j'étais comme une nouvelle petite sœur.

Puis, nous sommes sortis de la maison. À l'arrière, il y avait un petit bâtiment rempli de petits animaux. Des lapins, des hamsters et des cochons d'Inde. Je m'émerveillai de les voir. Jamais nous n'avions eu d'animaux à la maison, pas plus que chez tante Nicole. Brusquement, j'oubliai toutes les misères passées pour ne m'intéresser qu'au présent. Ce fut l'un de ces moments de bonheur qu'on oublie rarement.

Lorsque nous sommes revenus dans la maison, un homme nous y attendait. Je le voyais grand et imposant. Il avait le dos courbé même s'il n'était qu'au début de la cinquantaine. Visiblement, c'était monsieur Racine. Il ne s'était pas présenté lors de mon arrivée. Il s'était fait si discret que je le croyais absent. Mais il était là, réservé. On nous présenta. C'était un homme très silencieux. Il ne dit presque pas un mot durant les présentations. Il avait l'air d'un homme ordinaire. Rien ne me frappa en lui.

Dans les jours qui suivirent, je perçus Georges Racine de la même façon qu'au premier jour, c'est-à-dire discret et effacé. Il était soit au travail, soit dans son garage. Il avait un emploi au sein d'une compagnie creusant des puits artésiens. Dans son garage, il jouait aux cartes, seul, ou encore bricolait sur sa voiture ou sa motoneige. Il portait toujours une chemise de chasse à carreaux et dégageait une odeur d'huile, un peu comme celle du pompiste ou du mécanicien. J'ai toujours associé cette odeur à monsieur Racine. Ça me rappelait un de mes oncles, Jean-Louis, qui avait toujours eu cette désagréable odeur, lui aussi.

Un après-midi, j'entrai dans le garage alors qu'il y était, et remarquai qu'il buvait de la bière. Bien qu'il ne fût pas alcoolique, monsieur Racine buvait quelques bières à l'occasion. Mais la seule vue d'une de ces bouteilles me fit sourciller. Tout à coup, je crus avoir été placée chez des gens qui vivaient comme ma mère, c'est-à-dire accrochés à la bouteille. Heureusement, je compris vite que ce n'était pas le cas.

Georges Racine n'était presque jamais dans la maison. Je ne le voyais qu'aux repas. Il ne m'attirait pas vraiment et il semblait bien peu intéressé à tout ce qui se passait à la maison. Son garage, son jeu de cartes et sa bière semblaient l'intéresser davantage. Évidemment, j'étais le cadet de ses soucis. Je fus toujours timide face à lui parce que je n'eus jamais l'impression de le connaître. Il était pour moi un inconnu, tant à mon arrivée qu'à mon départ de chez eux. Dans mon esprit, c'était vraiment madame Racine qui me gardait. Elle, c'était une vraie bonne mère de famille. Gentille, accueillante, avenante. Elle veillait à ce que je ne manque de rien.

Elle était bien consciente que je n'avais pas eu l'affection nécessaire à mon bonheur dans les années passées et je crois qu'elle s'était donné pour mission de faire en sorte que je sois heureuse. Elle était attentionnée envers moi et me rassurait du mieux possible. Ça sentait toujours bon la nourriture chez elle et la maison était toujours propre. Et contrairement à tante Nicole, elle prenait soin de moi tout autant que de ses propres enfants. Elle me demandait très régulièrement si j'étais bien, s'il me manquait quelque chose. Je me rendais compte qu'il était possible qu'une femme soit grande et grosse sans toutefois qu'elle soit pour autant méchante!

Je ne peux toutefois pas dire qu'elle me donnait énormément d'amour. Elle n'était pas du genre à me prendre dans ses bras, à me bercer ou à jouer avec moi sur le plancher du salon. Qu'à cela ne tienne, c'était toujours mieux que ce que j'avais connu jusque-là.

Mes premiers jours passés chez les Racine furent merveilleux. J'avais vraiment l'impression de me trouver au paradis. Je me sentais heureuse comme jamais je ne l'avais été. Je savourais pleinement ce bien-être de me retrouver dans le calme et la sécurité de leur foyer. Enfin, je faisais partie d'une véritable famille. Rien à voir avec ce que j'avais vécu auparavant.

Je commençai à comprendre que j'étais chez les Racine au-delà du provisoire. Toutes mes affaires et mes vêtements avaient été amenés chez eux, De plus, j'avais commencé à fréquenter l'école. J'avais six ans.

Rapidement, la routine s'installa. Chaque soir, après le repas, c'était la même chose. Madame Racine faisait couler mon bain, dans la seule salle de bains de la maison, à l'étage. Il y avait ces fameux petits savons qui me fascinaient. Je tentais toujours d'enlever ces espèces de petites boules de couleur qui semblaient prisonnières à l'intérieur. Elle me donnait mon bain, m'aidait à revêtir mon pyjama et me couchait. Ils avaient l'habitude de me coucher assez tôt. Après mon coucher, madame Racine allait nettoyer les cages des animaux; les autres enfants, plus vieux, avaient la permission d'aller retrouver leurs amis, à l'extérieur. Seul monsieur Racine restait dans la maison, ce qu'il n'avait pourtant pas l'habitude de faire.

Le soir, en me couchant, je versais quelques larmes. Même si j'étais à mon aise chez les Racine, c'est le seul moment de la journée où je me retrouvais seule et où je me sentais un peu abandonnée. Je réalisais en ces moments de solitude que je ne recevais aucun coup de téléphone de ma mère, que ma travailleuse sociale ne m'appelait jamais non plus. Je pleurais sur mon sort et trouvais le sommeil en versant des larmes. Mais dès que Louise entendait le bruit de mes reniflements, elle s'approchait et me réconfortait. Elle tentait aussi de savoir ce qui n'allait pas.

Quant aux autres enfants Racine, ils étaient très gentils avec moi. Ils faisaient vraiment tout pour que je sois bien chez eux. J'avais même trouvé en eux un public idéal pour mes performances de chant et de danse. Louise et Danielle aimaient bien me regarder faire mon spectacle. Mais j'allais vite déchanter...

## L'initiation

Un soir d'automne, alors que tout le monde vaquait à ses occupations, moi, j'étais couchée. Avant de trouver le sommeil, j'entendis des bruits de pas. En écoutant bien, je constatai que quelqu'un gravissait l'escalier. J'ouvris les yeux pour me rendre compte, à mon grand étonnement, qu'il s'agissait de monsieur

Racine. Qu'est-ce qu'il pouvait bien faire à l'étage, lui que je n'avais jamais vu en haut? Je me posai une multitude de questions. Ça me semblait anormal. J'étais couchée en petite boule dans mon lit pliant, le visage tourné vers l'escalier. Je fus soudainement glacée. Je n'eus pas peur. Pas encore. J'étais plutôt surprise et intriguée.

Il s'appuya sur le chambranle de la porte de la chambre et posa un doigt sur ses lèvres pour m'indiquer de ne rien dire et de ne faire aucun bruit.

– Chuuut!

Puis, d'une main, il défit sa ceinture, ouvrit sa braguette et sortit son pénis. Gros, raide, il pointait vers le plafond. C'était la toute première fois que je voyais une telle chose. Monsieur Racine tenta de se faire rassurant.

– N'aie pas peur, petite.

Il s'en saisit d'une main et commença à faire un mouvement de va-et-vient sur son machin. La peur commença à s'emparer de moi. Tellement que je sentis un écoulement urinaire mouiller ma culotte. La surprise se transforma en crainte. Par contre j'étais toujours intriguée. Pourquoi sortait-il son membre devant moi? Pourquoi le secouait-il de la sorte? Quel était le but de cet exercice? Je me perdais en conjectures devant ces mystères.

Sans trop savoir ce que c'était, j'étais convaincue que c'était mal. Surtout qu'il m'avait fait un signe du doigt, afin que je me taise. Il y avait quelque chose de louche là-dessous. Il poursuivait son mouvement de va-et-vient, de plus en plus vite. Il respirait plus fort et plus rapidement.

– Regarde, petite, regarde. C'est juste de la crème...

De quoi parlait-il? De la crème? J'avais dû mal entendre. Son bras bougeait très rapidement et sa respiration était de plus en plus accélérée. Je tentai d'éviter de poser les yeux sur son pénis et détournai le regard. Mais il exigeait que je le regarde.

– Regarde, je t'ai dit. Ça ne te fera pas mal. C'est bon. Je t'aime, tu sais. C'est parce que je t'aime que je fais ça...

Puis, il plaça l'autre main sous son pénis. Il gémit un peu, se tendit, et un liquide blanchâtre et visqueux sortit de son pénis. C'est là que je compris son histoire de crème. J'avais chaud et mal au cœur. Il referma sa main remplie de crème, la glissa dans la poche de son pantalon et quitta la pièce sans rien dire. Je l'entendis redescendre l'escalier.

Je me demandai sans cesse pourquoi il avait fait ça. Je n'y comprenais vraiment rien du tout. Allait-il revenir? Pourquoi grimaçait-il de la sorte avant que sa crème sorte? Je me mis à pleurer d'inquiétude. J'avais envie de faire pipi, mais je n'osais pas descendre aux toilettes, afin d'éviter de le croiser. Je souhaitais l'éviter à tout prix. Tout ce que je souhaitais, c'était m'endormir le plus vite possible, afin d'oublier ce qui venait de se produire. Je me forçai à m'endormir en souhaitant qu'il ne s'agisse que d'un incident isolé. Ce soir-là, je dormais lorsque les enfants Racine vinrent se coucher.

Le matin venu, je me souvins de la scène de la veille. Malheureusement, ce n'était pas qu'un cauchemar. Je n'osai pas descendre déjeuner, par crainte de voir monsieur Racine. C'est ce que je souhaitais le moins au monde. J'espérais qu'il eut déjà quitté la maison pour se rendre au travail. Je pris mon courage à deux mains pour descendre l'escalier. À mon grand désespoir, il était là.

Il déjeunait. Je ne savais plus quoi faire. Je ne me sentais plus chez moi. J'étais mal dans ma peau, gênée, coupable. Je tentai d'éviter son regard le plus possible, mais ce n'était pas évident, puisqu'il était assis en face de moi. Mon assiette était devant moi. J'étais incapable de manger mes rôties. Je crois que lui aussi se sentait bien mal. Il quitta d'ailleurs la table très rapidement, peu après mon arrivée.

Dès cet instant, je perdis mon sourire, ma joie de vivre. Mon comportement changea du tout au tout. J'eus besoin d'affection, d'être couvée en permanence. La seule solution que je trouvai pour me protéger fut de me coller sur madame Racine. J'étais toujours derrière elle et je la suivais partout. Où qu'elle aille, quoi qu'elle fasse, j'y étais. Même à la salle de bains! Les Racine remarquèrent bien ce nouveau comportement, mais ils crurent que j'agissais ainsi parce que je m'ennuyais de ma mère ou parce que j'étais perturbée par une jeunesse mouvementée. On ne peut les blâmer!

**Les lapins, les hamsters et... le cochon!**

Ce soir-là, j'appréhendais énormément l'heure d'aller au lit. Déjà, au souper, je commençais à craindre le retour de monsieur Racine à l'étage. J'étais nerveuse. La vaisselle, mon bain, le coucher. Je n'osai fermer l'œil, par crainte qu'il vienne de nouveau me rendre visite. Jusqu'à tard le soir, je gardai l'œil ouvert. Vaincue par la fatigue, je m'assoupis. C'est en me réveillant, le lendemain matin, que je m'aperçus qu'il n'était pas venu. Soulagement. Je crus que c'était terminé, qu'il ne le ferait plus, que c'était un accident de parcours.

Mais ce répit fut de bien courte durée. Quelques jours plus tard, il me rendit de nouveau visite. Il utilisa le même stratagème, c'est-à-dire qu'il vint me voir alors que tous étaient pris par leurs occupations quotidiennes.

Si ma routine était de me coucher tôt, celle des enfants d'aller jouer dehors et celle de madame Racine de nettoyer les cages d'animaux, Georges Racine eut tôt fait de trouver sa routine lui aussi. Cette première visite à caractère sexuel près de mon lit allait vite devenir routinière, presque quotidienne.

Ce soir-là donc, j'entendis encore des bruits de pas dans l'escalier. Je me rendis vite compte que c'était monsieur Racine. Je pris conscience que mon cauchemar recommençait. Il m'intima de nouveau le silence d'un signe du doigt. Cette fois, comme s'il prenait un peu d'assurance, il ne demeura pas à l'entrée de la chambre. Il s'approcha de moi en défaisant sa braguette. Son pénis était gros et droit. Long aussi. Même qu'il me paraissait pire que la première fois, plus monstrueux, probablement parce qu'il était plus près de moi. Il se masturba d'une main, alors que de l'autre, il me caressait. Sur un ton impératif, il m'ordonna d'observer ses manœuvres.

– Regarde-moi, regarde comme c'est beau!

Je sentis sa main sur mes cheveux, glisser sur ma poitrine, puis sur mes fesses et ma vulve. J'étais terrifiée, figée par la peur. Monsieur Racine sentait l'huile à plein nez, une odeur qui me levait le cœur. Comme la première fois, il fit glisser son pénis dans sa main, avec des mouvements brusques de va-et-vient. Il se masturba de plus en plus vite et respira de plus en plus rapidement. Puis, il approcha son pénis de mon visage. Après quelques sons étouffés, la crème blanche jaillit de son pénis. Puisqu'il s'était approché de mon visage, je reçus quelques gouttes de son sperme sur mes lèvres. Je crois bien que c'est ce qu'il souhaitait, d'ailleurs. Ce liquide épais et chaud avait un goût bien particulier qui me répugnait. J'en eus la nausée, mais ne voulus pas le faire voir, par crainte de représailles. Monsieur Racine en reçut lui aussi dans sa main, qu'il tenait sous mon menton. Après quelques spasmes, il essuya mes lèvres d'une main. Mais il étendit davantage sa semence qu'il nettoya mes lèvres.

– C'est pour te prouver que je t'aime que je fais ça. Mais ça doit être un secret qui demeure entre nous deux. Tu n'en parleras à personne, hein?

J'étais trop dégoûtée et trop stupéfaite pour lui répondre. Je pleurais sans dire un mot. Georges Racine quitta mon lit pour regagner le salon, en refermant sa main mouillée et en la plaçant dans sa poche. Le tour de ma bouche était tout collé. J'avais l'impression que je puais l'huile à mon tour. Et je ne pus même pas aller me laver aux toilettes avant de m'endormir, tant je craignais de redescendre et de le rencontrer. Je m'essuyai donc tant bien que mal avec mes draps et m'endormis avec des haut-le-cœur... en sanglotant.

Dans mon esprit, Georges Racine allait revenir régulièrement. Et j'eus bien raison de penser ainsi. Trois ou quatre fois par semaine, il me rendait une courte visite, afin d'assouvir ses bas instincts. C'était régulier. Il en avait pris l'habitude. Il prenait aussi de l'assurance dans ses gestes: ce qui n'était qu'une masturbation au début a vite été accompagnée de caresses, puis d'une éjaculation près de la bouche. Je me demandais bien ce qu'il allait encore inventer, s'il continuait d'acquérir de l'assurance comme ça.

# Chapitre 4

# Le secret le mieux gardé

La période des fêtes approchait à grands pas et l'atmosphère fébrile de cette période de l'année envahissait la maison. Pour ma part, je n'étais pas aussi joyeuse que la majorité des enfants de mon âge. Les manigances douteuses de Georges Racine venaient assombrir mon existence et anéantir toute possibilité d'être heureuse.

## «C'est notre secret...!»

Ce soir de décembre, j'étais couchée lorsque monsieur Racine monta de nouveau dans ma chambre. Suivant toujours le même scénario, il ouvrit sa fermeture éclair pour libérer son pénis grossi de désir. D'une main, il empoigna son engin et commença à le secouer comme il avait pris l'habitude de le faire. Cette fois-ci, il était monté sur mon lit, question de se rapprocher de moi.

– Approche-toi un peu. Ça ne te fera pas mal. Tu sais que je fais ça parce que je t'aime. C'est notre secret...

Georges Racine parlait à voix basse et répétait toujours les mêmes sottises. Il s'approcha de ma bouche et, tout en continuant à se masturber, tendit une main derrière ma tête. Je sentis qu'il me tirait pour approcher ma bouche de son pénis. Je crus alors qu'il allait déverser sa crème sur mes lèvres, comme il l'avait fait la fois précédente, mais ce ne fut pas le cas. Une mauvaise surprise m'attendait.

– Mets-la dans ta bouche!

Ces paroles résonnèrent dans ma tête. J'étais stupéfiée, abasourdie d'entendre ces paroles insensées. Je ne pouvais concevoir qu'il me fasse une telle demande. Il poussait toujours ma nuque de sa main. Avais-je bien compris? Il souhaitait que je place dans ma bouche ce gros pénis laid, qui sentait l'huile de surcroît? Je ne pus y croire. Devant mon inaction, il insista.

– Allez, mets-la dans ta bouche. Tu vas aimer ça...

– Non, je ne veux pas!

Georges Racine était vicieux, mais il n'insista pas. Il ne me força pas à engloutir son gros membre dans ma petite bouche. Il termina sa masturbation en éjaculant sur mes lèvres et dans sa main, comme lors de l'agression précédente. Il m'essuya la bouche de ses doigts avant de partir, referma sa main et la glissa dans sa poche.

## La flaque d'urine

Le lendemain soir, après le souper, ce fut le même train-train habituel, le bain, puis le coucher. Je craignais toujours la venue de ce monstre, une fois les autres membres de sa famille sortis. Je n'osai fermer l'œil, tant je craignais qu'il vienne à ma rencontre.

Il était tard et je ne dormais toujours pas. J'avais omis d'aller uriner avant de me coucher, de sorte que j'avais une énorme envie. Mais comme la seule salle de bains de la maison se trouvait à l'étage principal et que monsieur Racine y était sûrement, je n'osai pas courir le risque de descendre et de le rencontrer, au cas où il lui prendrait une autre envie de se soulager sur moi. Tout ce que je souhaitais, c'était me faire oublier. Le même genre de sentiment que lorsque ma mère buvait avec ses amis à la cuisine, sur la rue Resther. Je mourais d'envie de faire pipi, mais je me refusai à descendre.

Je n'avais d'autre choix et me décidai alors à uriner sur place. Je me levai de mon lit pour me diriger tout près de celui de François. Je m'accroupis, relevai ma jaquette et fis mon pipi par terre, sur le plancher. J'ignorais si j'allais être surprise par quelqu'un ou si François allait s'en apercevoir, mais ça m'était égal. Je me dis qu'après ce que je venais de subir, j'avais bien le droit de me soulager à mon tour.

Mais la flaque d'urine coula le long d'un mur et se dirigea jusqu'à l'escalier. Goutte à goutte, le liquide tomba en bas, sur l'escalier, détrempant les marches. Madame Racine s'en aperçut en quelques minutes. Elle remarqua que le tapis était trempé, mais pas qu'il sentait l'urine.

Le lendemain matin, elle nous posa à tous une série de questions, mais ne trouva jamais de réponse à ses interrogations. Jamais je ne m'ouvris sur ce que j'avais fait. Le cerne d'urine demeura un mystère chez les Racine. Mais moi, j'étais consciente que c'est la terreur qui m'avait fait agir ainsi.

## La main dans le sac

J'éprouvais toujours de la difficulté à m'endormir, tant je craignais le retour de monsieur Racine à l'étage. Et avec raison, puisqu'il me rendait visite un soir sur deux : un soir j'étais agressée, le lendemain, je mourais de peur dans mon lit. Chaque soir était infernal. Il me rendait la vie impossible.

Un soir, j'entendis des bruits de pas dans l'escalier. J'ignorais s'il s'agissait de monsieur ou de madame Racine. Je n'en avais pas moins des frissons sur tout le corps. Je me doutais bien que c'était lui qui revenait abuser de ma jeunesse, de mon innocence, de mon corps. Je gardais les yeux fermés, comme pour me faire croire qu'il ne s'agissait que d'un mauvais rêve. Tout à coup, j'entendis une porte s'ouvrir. Les pas s'arrêtèrent brusquement dans l'escalier, puis je les entendis s'éloigner faiblement.

Je compris vite que monsieur Racine venait de passer à un cheveu de se faire surprendre. Il dut avoir la peur de sa vie!

Dieu merci, son épouse était rentrée à temps. Elle avait probablement terminé plus tôt que prévu le nettoyage des cages. Sans le savoir, elle m'épargna une autre agression. Je compris à quel point monsieur Racine avait du front pour monter l'escalier tous les deux soirs, afin de m'agresser. À tout instant quelqu'un pouvait surgir, monter à l'étage et le surprendre. À tout instant, il pouvait être pris la main dans le sac. Je crois qu'il fut très chanceux, puisque durant les dix-huit mois que je demeurai chez les Racine, pendant ces dix-huit mois d'abus sexuels, jamais il ne fut surpris.

Un autre soir, j'étais couchée et je m'attendais à ce que Georges Racine vienne me visiter, pour une autre de ces séances sexuelles auxquelles il me soumettait si souvent. Et j'eus bien raison, puisqu'il vint, peu après le départ des enfants et de son épouse. Les pas dans l'escalier se rapprochèrent. J'étais couchée en petite boule, le dos vers l'escalier. C'était mon seul moyen de protection. Georges Racine faisait fi de la petite boule et exécutait sa sale besogne sans permission.

– Tu te souviens? Chuuuut!

Il m'ordonnait de nouveau de me taire. Il défit sa braguette pour laisser sortir son pénis. Il se masturbait d'une main, la faisant aller de haut en bas. Il s'approcha de moi, sur mon lit, et saisit ma main. Il l'apposa sur son membre, appliqua sa main par-dessus la mienne, avant de poursuivre son répétitif mouvement de va-et-vient. Ma main sous la sienne ne donnait strictement rien, puisque c'était lui qui faisait le geste.

Je compris toutefois que ce qu'il aimait, c'était de s'imaginer que c'était moi qui le masturbait ainsi. De cette façon, il pouvait ressentir la chaleur de ma main sur son pénis. Un fantasme digne d'un véritable désaxé! Sa respiration devenait courte et rapide. Haletante. Son bras (et le mien par le fait même) allait de plus en plus vite. Il émettait quelques sons hétéroclites.

Puis, il exigea que je m'approche de son pénis. De nouveau, il me prit par la nuque et approcha mon visage de son membre enflé.

– Cette fois, tu vas le mettre dans ta bouche.

Il n'attendit pas mon accord pour le faire.

– Non, non! Je veux pas faire ça! Non, s'il vous plaît! l'implorai-je.

– C'est parce que je t'aime. Ne t'en fais pas, ça ne te fera pas mal. Tu vas aimer ça...

Il tentait de m'encourager tout en enfonçant son pénis dans ma bouche afin que je lui pratique une fellation. La première, mais certes pas la dernière, pensais-je. Son pénis était gros, laid et puait l'huile. En fait, c'est tout son corps qui sentait l'huile et j'en avais la nausée. Son pénis goûtait mauvais. Il était si gros dans ma bouche que je pensais mourir d'asphyxie. Je suffoquais carrément mais il ne s'en préoccupait pas. J'avais peine à respirer tant son pénis m'étouffait. D'un mouvement des hanches, il donnait de grands coups pour le faire pénétrer plus profondément dans ma bouche. On aurait dit qu'il voulait le faire entrer le plus creux possible dans ma gorge. Il poursuivit son perpétuel mouvement de va-et-vient jusqu'à ce que sa respiration soit très rapide. Puis, il mit une main sous mon menton, alors qu'il tenait son pénis de l'autre, en faisant toujours ses mouvements d'avant en arrière. Sa crème blanche et chaude sortit et il m'enduisit les lèvres de cette substance épaisse qui me donnait mal au cœur. Après quelques giclées et quelques soupirs de satisfaction, il se retira sans mot dire, m'essuya le visage de ses doigts et glissa ensuite sa main dans sa poche pour s'en retourner. Après avoir éjaculé, monsieur Racine ne disait jamais un mot, ni pour me remercier, pas plus que pour s'excuser.

Plus ça allait, plus Georges Racine prenait de l'assurance. Il essayait quelque chose de nouveau, de plus grave, de plus répugnant, chaque fois. Rien ne l'arrêtait. Je compris que s'il avait essayé quelque chose de plus grave que la dernière fois, il ne reviendrait pas en arrière. Par exemple, s'il m'avait forcée à la fellation, la prochaine agression ne serait certes pas constituée de simples caresses. Ce serait obligatoirement une autre fellation... ou pire!

## La soupe

Mon comportement continua de se modifier. J'avais beaucoup de difficulté à esquisser un sourire franc. Je me renfermais sur moi-même. J'étais pâle, cernée et maigrichonne. Madame Racine remarqua bien que je dépérissais, mais attribua cet état à mon passé et à l'absence de ma mère. Elle ne se posa guère plus de questions. Par contre, elle m'en posa quelques-unes et tâcha de savoir ce qui m'arrivait. Évidemment, son mari m'ayant réclamé le silence, je ne lui dis pas la véritable raison de mon lamentable état. Je souhaitai de tout cœur qu'elle le découvrît par elle-même.

C'était un samedi. Juste avant l'arrivée de l'hiver, nous avions passé la journée entière à l'extérieur afin de rentrer dans le garage et dans la maison les articles d'été pour la saison froide. Cette journée de travail et de plein air m'avait exténuée. Le soir venu, j'étais épuisée. Nous nous étions tapé une journée entière de rude boulot, toute la famille ensemble, ce qui avait été bien agréable.

Sur l'heure du souper, madame Racine nous servit une soupe aux nouilles et aux légumes bien chaude, repas qui fut apprécié de tous. Il nous réchauffa, après cette journée passée au froid. Contrairement à mon habitude, je mangeai avec appétit. Je me préparais pour une bonne nuit de sommeil, probablement la meilleure de toutes, compte tenu de ma fatigue. Après mon bol de soupe, je ne me fis pas prier pour aller prendre mon bain et pour aller au lit. Celle qui s'apprêtait à devenir ma meilleure nuit fut la pire.

Je dormais paisiblement lorsque quelque chose me réveilla. Quelque chose d'agaçant. Je sentais qu'on manipulait mes mains. Lorsque j'ouvris les yeux, Georges Racine était sur moi. Surprise que j'étais dans les premières secondes, je compris vite, en reprenant mes esprits, que j'allais de nouveau être victime d'une autre de ses sordides agressions. J'avais les bras tirés vers l'arrière. En jetant un coup d'œil, je vis les poignées d'une corde à danser sur mes poignets. J'ai vite compris qu'il avait attaché mes mains aux barreaux de mon lit pliant, à l'aide de cette corde. Il m'adressa alors la parole de sa faible voix habituelle.

– N'aie pas peur, je te ferai pas mal. Je t'aime, tu sais...

Il n'en fallait pas plus pour que j'éclate en sanglots. Je fermai les yeux et le suppliai d'arrêter. Je me demandais bien ce qu'il allait encore inventer comme jeu sexuel. J'étais effrayée devant l'inconnu. Je savais qu'il allait faire pire que la dernière fois. Mais ce qu'il allait faire, au juste, ça je l'ignorais.

Soudain, je sentis mon sous-vêtement se baisser. Je n'étais pas dupe : il ne s'enlevait pas seul. Je savais bien que c'était monsieur Racine qui le retirait. En ouvrant les yeux, je constatai qu'il était à genoux devant moi, entre mes jambes. D'une de ses mains, il frotta ma petite vulve dénudée et de l'autre, il se masturbait. Il prenait de grandes inspirations pendant que je lui répétais de cesser.

– Arrêtez! Arrêtez! Arrêtez! Ça me fait mal!

– Voyons, petite. Ça ne fait pas mal, c'est juste de la crème...

Il frotta mon vagin de plus en plus vite et ça brûlait. J'eus mal à l'entre-jambes. J'avais envie de crier, mais je savais bien que je ne pouvais le faire. J'éprouvai le goût de le frapper, tant il me faisait souffrir. Pour la première fois, je gigotai et tentai de me défaire de son emprise maléfique. Mais il avait sûrement prévu le coup puisqu'il m'avait attachée avant de commencer...

Puis, il se pencha sur moi, la tête sur mon sexe. Je sentis alors sa langue lécher ma vulve et l'entrée de mon vagin. Il sembla y prendre plaisir, puisqu'il lécha de plus en plus fort, de plus en plus rapidement. Je me sentais toute mouillée. Je trouvai son jeu dégoûtant. Tant pour lui que pour moi. Quel plaisir pouvait-il bien avoir à lécher cette partie de mon corps par où je faisais pipi? Je ne compris rien à rien. Je souhaitai que ça se termine sur-le-champ. Je détournai la tête et tentai de penser à autre chose. Je me laissai faire, résignée. Je ne pus qu'espérer que ça se termine le plus vite possible.

Il se releva finalement. Il me regarda d'un drôle d'air, avant de se concentrer de nouveau sur mon vagin. Cette fois, avec ses doigts. Il continua son frottage, lorsque, soudain, je sentis une vive douleur dans le bas de mon corps. Il avait fait pénétrer l'un de ses doigts en moi et exerçait des mouvements de va-et-vient dans mon vagin. La douleur était insupportable. Mon vagin brûlait comme un volcan. Il se masturbait de l'autre main.

Quelques minutes après, il grimpa sur moi et s'étendit de tout son long sur mon petit corps. Je le trouvai bien lourd et me demandai quel était son plan. Il puait l'huile à moteur à plein nez. Puis, je ressentis une autre douleur, très vive, à l'intérieur de mon vagin. Il m'avait pénétrée de son pénis gros et dur. Son bassin faisait entrer et sortir son organe en moi. Je le sentais si gros. J'eus l'impression qu'il m'avait déchiré la peau pour faire entrer son pénis en moi. Je pleurai parce que j'avais mal. Je pleurai parce que j'avais peur. Peur de la suite, de ce qu'il allait encore faire avec moi. J'étais si impuissante face à lui. J'avais l'impression que ça durait une éternité, que ça ne finissait plus.

Tout à coup, je le sentis se raidir sur moi. Il poussa quelques râlements et se détendit finalement. Il se releva, se plaça debout devant moi, rangea son pénis redevenu mou et attacha sa ceinture. Il me quitta sans prononcer un seul mot et sans remonter ma culotte. J'étais enfin soulagée. Mon supplice venait de prendre fin et j'en fus bien heureuse.

Je fus aussi très étonnée de la fin abrupte de cette agression. Il avait pourtant l'habitude d'approcher son pénis de ma bouche et de déverser sa crème blanche et chaude sur mes lèvres. Bizarrement, il ne l'avait pas fait cette fois. J'ignorais si ça cachait quelque chose. Comme il n'avait pas pris le soin de remonter mon sous-vêtement, je le fis moi-même. Une fois mon slip en place, j'éprouvai une drôle de sensation sur mon vagin. C'était froid et mouillé à la fois. Je n'entrai pas mes mains dans ma petite culotte pour voir ce que c'était. Chaque fois qu'il venait me voir, qu'il se couchait sur moi et qu'il s'agitait, mon vagin était mouillé après son départ. Ce n'est que beaucoup plus tard que je compris que c'est sa petite crème qui me rendait humide, en fait qu'il éjaculait en moi.

Après son départ, j'eus mal à la vulve. Je ressentais des élancements à l'intérieur de mon vagin. Je sentais mes lèvres dix fois plus grosses qu'elles ne l'étaient en réalité. Ça chauffait, comme si j'étais au sang, ce qui n'était pas le cas. Dire que ça aurait pu être ma plus belle nuit de sommeil...

Georges Racine était parti avec une partie de moi. Il m'avait volé ma virginité. J'avais six ans lorsqu'il me dépucela.

**Le garage**

C'était un samedi après-midi. J'aidais madame Racine à faire le ménage de la maison. J'aimais bien me rendre utile et lui donner un coup de main. Je me sentais importante lorsqu'on me confiait des tâches comme celles-là. Cela me permettait aussi d'être près d'elle, ce qui me rassurait. Je sentais une certaine protection de sa part.

Je ne me souviens plus exactement pour quelle raison, mais madame Racine me demanda un service. Elle voulait que j'aille chercher un certain objet pour elle.

– C'est dans le garage. Voudrais-tu aller me le chercher, s'il te plaît?

Avait-elle bien dit «dans le garage»? Le château fort de son mari. Là où ça sentait l'huile et où il se trouvait toujours. Une certaine crainte s'empara de moi simplement à la pensée de devoir me rendre dans son fief. J'acceptai d'y aller pour ne pas éveiller les soupçons de madame Racine. Mais à reculons. Je me convainquis d'y aller très rapidement et de revenir tout aussi vite avec l'objet dont madame Racine avait besoin.

Georges Racine ne manqua pas mon entrée. Il me fit signe d'approcher.

–Viens me voir, Nathalie.

– J'ai pas le temps. Je dois retourner dans la maison porter ça à madame Racine.

–Viens, juste une petite minute...

Je n'eus pas vraiment d'autre choix que d'accepter. Je m'approchai de lui, craintive. Puisqu'il représentait l'autorité, dans mon esprit, je devais lui obéir. Au fond de moi, je savais bien ce qu'il voulait de moi, même si je tentais de me convaincre du contraire. J'étais convaincue que c'était pour une autre de ses cochonneries.

Il me fit asseoir sur une petite chaise de bois. Debout près de moi, il défit sa ceinture, ouvrit sa fermeture éclair pour m'exhiber son pénis. De sa main, il se masturba devant mon visage, entrant à l'occasion son membre à l'intérieur de ma bouche. Il tenait son autre main sous mon menton, probablement pour éviter que je tourne la tête.

Je retins mes larmes et ma peine, puisque je savais que je devais revenir dans la maison sous peu. Je craignais qu'en entrant dans la maison, madame Racine se doute de quelque chose en remarquant mes yeux et mes joues bouffis par les pleurs. Je fis donc la fillette raisonnable et j'exécutai les ordres de mon bourreau sans broncher, résignée. Je savais qu'en obéissant, ce mauvais quart d'heure risquait de se terminer plus rapidement.

Après m'avoir fait sucer son pénis pendant quelques minutes, monsieur Racine se crispa, laissa échapper quelques sons et fit sortir sa crème. Il sortit cependant de ma bouche pour cet instant d'extase, afin de mieux éjaculer sur mes lèvres et mes joues. Je fus complètement collée. Je n'arrivais pas à m'habituer à ce liquide chaud et gluant. J'avais sans cesse la nausée.

Le dépravé m'essuya de nouveau d'une de ses mains, en prenant bien soin de m'ordonner le silence. D'un doigt sur sa bouche, il me l'indiqua clairement. Puis, il me pointa du doigt, en me fixant droit dans les yeux.

– Tu ne dis rien de ça à personne, tu comprends? Tu sais que ça ira mal pour toi si tu en parles.

Il n'était guère plus précis dans ses menaces, mais elles étaient tout de même très efficaces. Il n'avait pas à insister pendant longtemps pour me faire entendre raison. Je comprenais rapidement que je devais me taire. D'ailleurs, je le fis tout au long de mon séjour chez les Racine. Jamais je ne parlai à quiconque de ces abus immoraux : ni à ma mère ni à la travailleuse sociale, jamais à madame Racine, pas plus qu'à leurs enfants. Souvent, j'eus le goût de demander aux enfants Racine s'ils devaient eux aussi se prêter aux caprices pervers de leur père, mais jamais je n'osai le faire. Il m'avait ordonné de garder le silence et c'est ce que je fis.

Après qu'il m'eut nettoyé le visage, je retournai donc auprès de madame Racine, penaude d'avoir pratiqué une fellation à son mari. Je me dévêtis en vitesse et feignis un affreux mal de ventre. Je fis comme si j'étais malade, afin que madame Racine s'occupe de moi. J'avais besoin qu'on me cajole un peu, qu'on m'apporte de l'affection, de l'amour. D'ailleurs, par la suite, j'adoptai cette habitude de simuler la maladie, simplement pour être prise en pitié. J'étais fréquemment couchée au salon, avec une couverture sur le dos. C'était mon moyen de protection.

Aujourd'hui, je me demande encore comment il se fait que madame Racine ne se doutât jamais de rien. Elle devait bien trouver étrange que je tombe subitement malade à mon retour du garage. Elle devait aussi se demander pourquoi je mettais autant de temps à revenir. Le jour où elle l'avait surpris à monter l'escalier me faisait douter. Pourquoi ne l'avait-elle pas questionné sur sa présence à l'étage? Je me demande encore si madame Racine était au courant des abus dont j'étais victime et si elle n'avait pas choisi de se taire, préférant ne pas voir se confirmer ce qu'elle redoutait. Je n'en sus jamais davantage.

## La motoneige

Par un bel après-midi d'hiver, tous les enfants étaient dehors à jouer dans la neige. Monsieur Racine, pour une rare fois, ne bricolait rien dans son garage. Il était à l'extérieur avec sa motoneige. Régulièrement, les enfants faisaient de la motoneige, tantôt seuls, tantôt avec leur père. Ils avaient l'air de s'amuser follement. Moi, je n'étais jamais montée sur une motoneige. J'espérais bien qu'on allait m'offrir d'essayer cet engin puissant qui semblait si bien glisser sur la neige.

Je fus très heureuse lorsque monsieur Racine me le proposa. Pour la première fois, son offre ne me fit pas peur. Je ne craignis pas une seule seconde que monsieur Racine pût cacher une pensée lubrique derrière cette offre attrayante. Je le crus honnête, parce que je pensai qu'il lui serait impossible de m'agresser à l'extérieur. Dans mon esprit, il ne pouvait rien me faire dans les circonstances.

Lorsqu'il m'offrit de monter avec lui sur la motoneige, je n'hésitai pas un instant avant de répondre par l'affirmative. Je pris donc place sur le véhicule, devant monsieur Racine, qui était assis à l'arrière, mais qui tenait tout de même les poignées. Vroum! Nous sommes partis! J'appréciai beaucoup cette balade, jusqu'à ce que je sente la motoneige ralentir. À voir le sentier tracé devant nous, je constatais bien qu'il n'avait pas à ralentir, sauf s'il avait une raison précise de s'arrêter. Tout de suite, je redoutai quelque chose de suspect. En quelques secondes, je fus convaincue qu'il voulait m'agresser de nouveau, comme ça, en pleine nature.

Une fois le moteur éteint, le silence se fit. Tout ce que j'entendais, c'était le vent siffler à travers les arbres. Un silence lourd. La température était froide, la neige abondante. Il n'y avait personne autour et nous étions dans un endroit isolé. Le contexte était parfait pour qu'il s'adonne à sa perversion. Il aurait fallu bien de la chance pour qu'il soit surpris à cet endroit, à l'abri des regards. Je m'en voulais énormément d'avoir accepté son offre, de ne m'être doutée de rien. Pourquoi n'y avais-je pas pensé avant? Je me sentais coupable de ce qui m'arrivait. Je m'étais littéralement fait prendre.

Georges Racine descendit lentement la fermeture éclair de mon manteau de neige. J'eus froid. Il fit pénétrer l'une de ses mains sous mon chandail. Je sentis ses mains froides sur ma poitrine, qu'il pétrissait. Il caressait des seins qui étaient alors inexistants. Il descendit sa main jusqu'à mon ventre, qu'il caressa doucement. Heureusement, il fut incapable d'aller plus bas et de descendre jusqu'à mon vagin, mon habit de neige l'en empêchant. Il semblait apprécier la douceur et la chaleur de mon jeune corps.

Je ne regardai nullement vers lui, mais je sus qu'il avait sorti son pénis de son pantalon, puisque, appuyé contre moi, je le sentais se masturber. Je sus aussi qu'il secouait son pénis tout en me caressant. Son menton appuyé sur mon épaule, je sentais son souffle sur ma joue. Un souffle de plus en plus rapide. Je le connaissais tellement que je pouvais prévoir, à la seule observation de sa respiration, à quel moment il allait atteindre l'orgasme. Il frottait sa main de plus en plus fort sur mon ventre.

Soudain, il se crispa, se retourna sur le côté et fit dégoutter sa crème blanche dans la neige. Lorsque je voulus détourner le regard pour éviter de le voir éjaculer, il exigea que j'observe ses gestes dépravés. Il semblait prendre plaisir à ce qu'on le regarde, notamment lors de ses orgasmes.

Il m'intima enfin de me rhabiller, seule.

– Relève ton zip!

Nous avons ensuite repris le chemin du retour et avons fait route vers la maison. À notre arrivée, lorsqu'on m'a demandé si j'avais apprécié ma première balade de motoneige, je fis comme si de rien n'était et rentrai immédiatement dans la maison. Je m'en voulais de m'être fait avoir. Dans mon esprit, j'étais l'unique responsable de ce dernier abus. De nouveau, je feignis un mal de ventre, comme il m'arrivait souvent de le faire, pour attirer l'attention sur moi, pour qu'on prenne soin de moi.

## La visite

Je me souviens d'une seule visite de ma mère, à l'époque où j'habitais chez les Racine. Madame Racine m'avisa que je n'irais pas à l'école ce matin-là. Intriguée, je lui demandai pourquoi et elle me répondit que ma mère allait venir me rendre visite. Je suis convaincue que mes yeux brillèrent tout à coup. Madame Racine m'habilla d'une jolie robe et me fit des lulus pour que je sois belle pour ma mère.

Pendant qu'elle me peignait, une grande question me tourmentait: devais-je avouer à ma mère que j'étais victime des abus sexuels de monsieur Racine? Toutes ces idées s'entrechoquaient dans ma tête et je ne savais plus que faire. J'en conclus, dans ma petite tête d'enfant, que je devais demeurer muette sur ce sujet. Si, après l'avoir dénoncé, je devais être forcée de demeurer chez les Racine, je me disais que ma vie deviendrait encore plus infernale qu'elle ne l'était déjà. Je craignais que ma situation s'aggrave. De plus, Georges Racine m'avait toujours avertie que ça irait mal pour moi si j'en parlais. J'en conclus donc de me taire.

Lorsque ma mère arriva, j'éclatai de joie. Mon oncle Serge l'accompagnait. Je sautai dans les bras de maman en pleurant de joie! Serge était là, mais je ne le voyais même pas, tant ma mère occupait toute la place dans mon champ de vision. Après que madame Racine et ma mère eurent discuté un court moment, ma mère, mon oncle Serge et moi sommes allés bavarder dans un petit restaurant. J'y mangeai des frites et but une boisson gazeuse. Ma mère me lança l'inévitable question.

– Es-tu bien chez les Racine?

Je réfléchis quelques secondes avant de répondre par l'affirmative. Je ne pouvais rien lui avouer, d'autant plus qu'elle me disait qu'elle viendrait me chercher bientôt. Cela signifiait que je devais retourner chez les Racine pour le moment. Pas question pour moi, alors, de divulguer quoi que ce soit si j'avais à vivre de nouveau dans ce foyer. Ma décision ne changea pas et je retournai chez les Racine sans avoir saisi la chance qui s'était présentée à moi. La vie devait ainsi se poursuivre, jusqu'à ce que je sois enfin reprise définitivement par ma mère.

## La malcommode

Mon comportement était toujours aussi particulier. J'avais beaucoup de difficulté à m'endormir le soir venu. Je me levais le matin sans avoir beaucoup dormi et j'étais sans cesse fatiguée. J'étais cernée, maigre et blanche. J'étais incapable de déjeuner le matin, de sorte que j'allais à l'école le ventre vide. Évidemment, au milieu de l'avant-midi, j'avais une faim de loup. Afin d'assouvir ma faim, je décidai de subtiliser des aliments dans les lunchs de mes petites amies, à leur insu. Ce qui devait arriver arriva : je me fis prendre la main dans... la boîte à lunch!

Avec des petites amies de l'école, je faisais aussi des échanges de vêtements. C'est là que je commençai à avoir certaines expériences sexuelles avec elles. J'ignore pourquoi, mais je voulais voir leur vulve, afin de vérifier si elles étaient comme la mienne. Je souhaitais probablement vérifier si ma vulve avait quelque chose de différent de celle des autres, quelque chose qui attirait tant Georges Racine vers moi.

Aussi, à l'école, je devins la leader. J'étais agressive envers les autres élèves. Par exemple, au ballon-chasseur ou au kick-ball, je refusais systématiquement de perdre. J'entrais en furie lorsque ça se produisait. Je ne laissais personne avoir raison. Évidemment, ce comportement m'apportait mon lot de problèmes. Je refusais qu'on m'impose des règles à suivre. J'étais incapable d'accepter l'autorité.

J'étais fantasque et je défiais ceux qui me dirigeaient. Je contredisais mes professeurs et je prenais plaisir à faire le contraire de ce qu'ils préconisaient. Par exemple, il nous était interdit de manger notre collation avant une heure bien précise. Juste pour faire le contraire, je soulevais le couvercle de mon pupitre pour y prendre ma collation et la manger avant l'heure. Je la mangeais devant les autres, jusqu'à ce que je me fasse prendre. Envoyée à genoux dans un coin, je donnais de violents coups de pied dans la poubelle pour manifester mon désaccord. Il arrivait que je fusse si peu commode qu'on dût m'envoyer directement dans le couloir ou pire, dans le bureau du directeur. Il m'arriva même de bousculer une enseignante qui m'avait disputée. Cette fois, j'aboutis à la direction.

Madame Racine fut forcée de venir me chercher à l'école. Bien que nous demeurions tout près de l'école, ça ne faisait nullement son affaire. Devant moi, le directeur lui expliqua ce que j'avais fait. Madame Racine ne m'avait pas adressé la parole dans le bureau du directeur. Pas un mot. Pas plus que sur le chemin du retour. Je me sentais mal. Ça me semblait anormal. À la seconde où je mis le pied dans la maison, cependant, j'eus droit à tout un sermon. Et à la seule fessée que madame Racine m'ait jamais donnée. Elle en avait assez de mes écarts de comportement et ne voyait plus de solution.

– Qu'est-ce que je vais faire avec toi? Tu n'écoutes plus personne! Là, c'est assez! Je vais appeler ta travailleuse sociale!

Dans mon esprit, je me disais : «Envoye! Appelle-la, c'est la meilleure chose qui pourrait m'arriver!» C'était la solution pour me sortir de cet enfer.

La travailleuse sociale vint effectivement me rencontrer, chez les Racine. Celle-là même qui m'avait conduite à Sainte-Julienne pour la première fois. Blonde, les cheveux coupés au carré, elle était gentille, mais stricte. Elle me faisait beaucoup penser à la femme de ménage dans *Symphorien*...

– Qu'est-ce qui se passe avec toi, à l'école?

– Rien

Et c'était vrai. Ce n'était pas à l'école qu'il se passait quelque chose, mais à la maison. Personne ne s'en douta et moi, je n'eus pas le courage d'en parler. Le spectre des menaces de monsieur Racine était toujours bien présent. Après que la travailleuse sociale eut discuté avec moi un court moment, madame Racine me demanda d'aller au salon, afin d'être seule avec la travailleuse sociale.

Un matin de la semaine suivante, madame Racine m'indiqua de ne pas me rendre à l'école. Comme la fois précédente, je crus que ma mère venait me voir. J'osai espérer que ça pouvait être pour me chercher. Mais ce fut plutôt la travailleuse sociale qui revenait. Elle vint me chercher, afin de me placer ailleurs. Elle était très mal à l'aise de m'annoncer que je devais quitter les Racine. Elle prenait des gants blancs pour éviter de me froisser. Elle craignait de me peiner. Finalement, elle me dit que j'allais quitter Sainte-Julienne. Ma réaction la surprit. Je bondis de ma chaise.

– Ah oui? Où va-t-on?

J'étais la plus heureuse des petites filles. Enfin, mon cauchemar allait prendre fin. Georges Racine n'allait plus jamais venir fouiller dans ma petite culotte.

– Est-ce que je peux aller faire mes valises?

Madame Racine les avait déjà faites. Elle avait pris de l'avance pour que le « supplice » de mon départ dure le moins longtemps possible. Tout à coup, je me mis à me demander dans quel genre de famille j'allais me retrouver. Peut-être allais-je être battue? Encore. Dans une certaine mesure, ça m'était égal, puisque j'étais certaine d'une chose: Georges Racine me laisserait enfin tranquille.

J'attendais sur le pas de la porte, prête à partir, le visage resplendissant. La travailleuse sociale plaça mes valises dans sa fourgonnette pour ensuite revenir vers la maison.

– Alors, Nathalie, tu dis au revoir à madame Racine et on y va?

– Oui!

Madame Racine me prit dans ses bras pour me serrer contre elle affectueusement. Elle ne pleura pas.

– Fais attention à toi, Nathalie! On va souvent penser à toi...

J'étais tellement heureuse de quitter le foyer de Georges Racine que je ne me suis même pas préoccupée de la peine que pouvait avoir cette brave dame. Pourtant, je l'aimais énormément. Je ne crois pas que ce soit de l'égoïsme, mais plutôt que le bonheur de m'éloigner de monsieur Racine prenait toute la place dans mes pensées.

Au signal de la travailleuse sociale, je pris place dans la camionnette. Je craignais tant qu'elle change d'idée que je ne perdis pas une seule seconde lorsqu'elle me dit de monter. C'est à cet instant que je vis madame Racine pleurer, derrière la porte de la cuisine. Je compris, à cet instant seulement, à quel point mon départ l'affectait. J'en fus chagrinée pour elle. Je ne voulais tellement pas faire de mal à cette bonne dame... Je me mis alors à pleurer avec elle. Je me sentais coupable de la rendre triste. Le véhicule s'éloigna...

# CHAPITRE 5

# Moi qui croyais être sauvée...

En ce printemps 1975, le soleil perçait les nuages, les oiseaux gazouillaient et l'air se réchauffait graduellement. Je me sentais comme un ours en fin d'hibernation. Comme si j'avais roupillé au fond de ma grotte pendant un an et demi, chez les Racine, et qu'enfin, je me retrouvais dans la nature, en toute liberté.

Un nouveau travailleur social m'avait été désigné. Je ne sus jamais pourquoi, mais c'était comme ça. On m'imposa cet homme, Claude, sans préavis, du jour au lendemain. Vu la bonne nouvelle qui m'était tombée dessus la veille, ce changement ne m'affecta guère. Claude m'annonça que ma tante Rollande acceptait de m'héberger chez elle. Sans plus attendre, nous nous sommes dirigés chez elle, à Lavaltrie, à deux pas de Joliette.

Lorsqu'on m'apprit la nouvelle, j'en fus très contente. Tante Rollande avait deux enfants, deux filles de mon âge avec qui je m'entendais à merveille. De plus, son mari, Gaétan, était l'un de mes oncles favoris. Il était le plus jovial de la famille. Un vrai bon vivant. Il riait, chantait et dansait toujours. Il était d'une très agréable compagnie.

## La remontée

Lorsque nous sommes arrivés chez eux, mes deux cousines étaient à la porte et m'attendaient impatiemment. Elles jubilaient de me voir. Moi, je pleurais. Mais pour faire changement, cette fois, je pleurais de joie. Je pensai à Georges Racine, qui était maintenant loin de moi et qui ne me toucherait plus jamais. Dès notre arrivée, ma tante remarqua immédiatement que j'étais maigre et cernée. Elle en fit même la remarque.

– On va te remettre en forme, tu vas voir!

J'éprouvai à peu près le même sentiment que celui que j'avais ressenti le jour où j'avais débarqué chez les Racine: j'entrais enfin dans une bonne famille, une famille normale qui respirait la joie de vivre. Je m'ennuyais de ma mère, mais de rester chez une de ses sœurs allait, par le fait même, me rapprocher d'elle, ce qui me rassurait. J'avais alors plus de chances de la voir.

Une fois que Claude m'eut laissée, je m'enquis immédiatement d'une information qui me semblait capitale.

– Je vais dormir où?

Ils habitaient une toute petite maison. Les deux filles, Chantal et Carole, dormaient dans la même chambre. Et puisqu'il n'y avait aucune autre chambre libre, on décida de me faire dormir dans la même pièce qu'elles. De plus, mon lit était au centre, ce qui me sécurisait davantage. J'eus tout de suite la pensée que personne ne pourrait ainsi venir m'agresser durant la nuit, puisque mes cousines allaient dormir à mes côtés.

Après quelques jours, je constatai que mon oncle et ma tante étaient tels je les avais imaginés, fidèles à ce que je savais d'eux. Gaétan avait les cheveux bruns tirant sur le poivre et sel. Il avait les yeux bleus, était mince et de taille moyenne. Quant à tante Rollande, elle était petite et grassouillette, avec un large fessier. Ses yeux étaient bruns et elle changeait sans cesse la couleur de ses cheveux, qui étaient devenus «grichoux» à cause des nombreuses teintures qui les avaient colorés. Elle rongeait toujours ses ongles, un tic familial, je crois. C'était une femme propre et qui cuisinait très bien. Elle faisait souvent des blagues et riait régulièrement, mais arborait tout de même un air malheureux. Il y avait un petit quelque chose qui clochait dans l'expression de son visage.

On ne m'envoya pas à l'école dès les premiers jours de mon arrivée. Il faut dire que tante Rollande m'avait vraiment ramassée à la petite cuillère. Elle voulut me faire reprendre «du poil de la bête» avant de me faire intégrer la routine scolaire. Chez elle, je passais de meilleures nuits, même si je me réveillais régulièrement. Il n'était pas facile de faire passer une habitude acquise depuis dix-huit mois, celle de dormir d'un œil en espérant que personne ne s'approche pour fouiller dans ma petite culotte. En me réveillant, en pleine nuit, il m'arrivait souvent de voir tante Rollande couchée sur le divan du salon. La télévision était encore allumée, l'écran scintillant de parasites, tandis que le haut-parleur crachait des «schhhhhhhh» qui me rendaient folle. J'ignore pourquoi, mais je craignais de me lever pour aller fermer le téléviseur. Je réveillais alors l'une de mes deux cousines pour qu'elle puisse aller fermer la télévision et réveiller sa mère, afin qu'elle regagne son lit.

J'étais de moins en moins fatiguée et me sentais mieux. Je mangeais mieux aussi et chaque jour on me faisait prendre des vitamines. J'étais bien entourée, bien encadrée, ce qui devenait rassurant pour la petite fille craintive que j'étais. J'eus d'intéressantes activités avec cette famille : nous allions parfois en camping, nous recevions de la visite et surtout, mon oncle jouait de la musique, dehors, lorsqu'il y avait des invités à la maison. Enfin, je renouais avec cette passion que j'avais acquise dès ma tendre enfance. Je pouvais m'extérioriser, chanter et danser comme bon me semblait. Tout cet environnement me sécurisait, ce dont j'avais énormément besoin.

Je mis du temps à approcher mon oncle Gaétan, à avoir confiance en lui. Le simple fait qu'il était un homme me plongeait dans la crainte. J'évitais à tout prix de me retrouver seule avec lui. Toutefois, c'est en observant mes cousines, qui avaient une grande confiance en lui, qui jouaient et qui ne craignaient aucunement d'être avec lui, que je me mis à avoir confiance à mon tour.

Avec elles, je m'amusais beaucoup. Parfois, nous nous déguisions. D'autres fois, nous jouions aux chimistes et inventions de nouvelles sortes de parfum. Mais le jeu qui me plaisait le plus, c'était celui où Chantal transformait notre chambre en discothèque, avec lumières et musique, et où nous devions payer pour danser!

Lorsque c'était l'heure d'aller au lit, c'était véritablement la fête. Nous n'arrêtions pas de chuchoter. Nous étions dans notre petit monde à nous, un monde d'enfants où les adultes étaient interdits. Notre monde, notre chambre.

Le soir venu, je refusais d'être la dernière à m'endormir. Alors je parlais à mes cousines jusqu'à ce que je tombe de fatigue. Mais elles aussi s'endormaient et me suppliaient de me taire!

Lentement, je redevenais moi-même. Je redevenais une petite fille normale, qui aimait jouer, rire et avoir du plaisir. La joie de vivre s'emparait de moi et je commençais à être heureuse dans cette nouvelle famille.

## Le pipi

Je découvris rapidement que tante Rollande avait sa favorite et son souffre-douleur. L'aînée, Chantal, était celle que l'on plaçait toujours sur un piédestal, alors que la cadette, Carole, était sans cesse critiquée, réprimandée et punie, pour tout et pour rien. Cette dernière avait un problème qui perdurait : elle faisait encore pipi au lit. Évidemment, tante Rollande et oncle Gaétan en avaient assez de cette situation et s'inquiétaient.

Un après-midi, au retour de l'école, Carole eut droit à une engueulade du tonnerre en entrant dans la maison.

– T'as encore pissé dans ton lit, ma grosse truie? Maudite cochonne! Pis t'aurais pas pu le dire?

– Je me suis échappée, maman. Je n'ai pas fait exprès.

Tante Rollande s'approcha de la fautive d'un pas rapide. Son visage était crispé de colère, mais aussi de méchanceté. Elle me rappelait un peu tante Nicole, lorsqu'elle était en furie. Rollande leva ses baguettes en l'air et se mit à frapper Carole de violentes claques à la tête. Comme seule réaction, Carole se lança au sol et se plaça en petite boule, devant la porte d'entrée, afin de se protéger des coups portés par sa mère. Elle para les coups de ses bras dont elle entoura sa tête. Tante Rollande ne cessa pas de la frapper pour autant. Après quelques minutes de colère, elle envoya Carole dans sa chambre. Ma cousine se releva en pleurant et en criant de peur, avant de quitter les lieux à toutes jambes pour gagner sa chambre.

Visiblement complice de sa mère, Chantal marmonnait ses commentaires face à la situation.

– Bien bon pour toé, grosse truie.

J'étais sidérée par ce que je venais de voir. Je croyais revoir ma tante Nicole. J'eus bien peur que ce soit le cas et que Rollande soit aussi violente que sa sœur. Je craignis que ce soit sa vraie nature qui ressorte ainsi. Et de voir Chantal se ranger aux côtés de sa mère et lui emboîter le pas en criant des méchancetés à sa sœur me décontenançait. Je venais de découvrir une autre facette de la personnalité de Rollande et de Chantal. Jamais plus je ne les vis de la même façon par la suite. Cet épisode fit en sorte que je me refermai sur moi-même. Je ne fus plus la même. Cette scène me fit prendre conscience que je n'étais pas nécessairement sauvée parce que j'étais avec eux. Mon tour pouvait arriver n'importe quand, sans prévenir. Si elle était capable de battre Carole, elle était bien capable d'en faire autant avec moi, qui n'étais même pas sa fille...

Lorsque mon oncle Gaétan mit les pieds dans la maison, après le boulot, tante Rollande se dépêcha de lui raconter le pipi accidentel de Carole. Elle ne précisa toutefois pas qu'elle lui avait administré une correction. Résultat: Gaétan lui fit comprendre à son tour qu'elle ne devait pas recommencer, en lui infligeant une correction du même genre. Carole eut donc droit à deux raclées pour le même incident. Chantal et tante Rollande la regardaient, un sourire en coin, lorsque Gaétan la frappait.

**Les vers**

Je me mis à remarquer à quel point Chantal était privilégiée. Juste à notre allure physique générale, c'était évident. Chantal était toujours bien mise, alors que nous, nous devions porter des vêtements d'occasion, parfois très usés.

Carole était toujours traitée de grosse truie. Quoi qu'elle fasse, elle était la «grosse truie», ou la «maudite cochonne». Il était évident que tante Rollande l'avait prise en aversion. Chantal, quant à elle, prenait un malin plaisir à se ranger du côté de sa mère, à renchérir ou encore à rire des mauvais traitements infligés à sa pauvre sœur.

Tante Rollande buvait régulièrement de la bière, mais sa consommation n'était nullement problématique. Elle buvait aussi beaucoup d'Eno, un médicament effervescent contre les maux d'estomac. Elle en buvait comme d'autres peuvent boire du café. Je me souviens qu'elle m'avait fait croire que c'était de la drogue, ce que j'avais répété à plusieurs de mes amis. Heureusement pour moi, tante Rollande n'apprit jamais que j'avais répandu cette fausse information...!

Depuis quelques jours, Carole avait pris l'habitude de se gratter les fesses régulièrement, ce qui dérangeait tante Rollande. Elle avait toujours la main dans son pantalon et se grattait. Après avoir disputé Carole durant quelques jours sans que celle-ci cesse de se gratter, sa mère se décida finalement à aller la faire voir par un médecin. Après un examen, on diagnostiqua des vers.

En sortant du bureau du médecin, tante Rollande se mit à engueuler Carole pour ses vers. Comme si elle l'avait fait exprès! Dans la voiture, sur le chemin du retour, elle lui criait des bêtises et blasphémait, en la traitant (évidemment!) de truie et de cochonne. Sitôt arrivées à la maison, tante Rollande se mit à frapper Carole de claques derrière la tête, comme c'était devenu son habitude. Alors que Carole prenait le chemin de sa chambre, penaude, sa mère continuait de la frapper en la calomniant.

Chantal imitait sa mère, en insultant sa sœur du mieux qu'elle le pouvait. Ce qu'elle appréciait, c'est qu'elle pouvait en profiter pour le faire sans craindre d'être disputée par sa mère. Chantal était elle aussi furieuse contre sa sœur cadette parce qu'elle lui avait transmis ses petites bestioles piquantes. Chantal la frappait donc aussi pour cette raison. Évidemment, j'attrapai, moi aussi, ces satanés vers, mais il ne me vint même pas à l'esprit de frapper ma pauvre cousine pour ça!

## La délatrice

De plus en plus, j'avais de la difficulté à jouer et à fraterniser avec Chantal. Elle ressemblait trop à sa mère. Elle suivait carrément ses traces et devenait aussi méchante qu'elle. C'était évident, elle allait devenir la copie conforme de sa mégère de mère. Moi, je me rangeais du côté de Carole, puisque je me revoyais un peu en elle, quelques années plus tôt. Toute ma vie, j'avais été une victime. Normal que je me range du côté du plus faible. Dans la maison, il y avait maintenant deux clans, celui des victimes : Carole et moi, et celui qui détenait l'autorité : tante Rollande et Chantal. Bien sûr, elles gagnaient toujours.

Plus le temps passait, plus tante Rollande était sévère envers moi. Plus elle se sentait à l'aise de me punir. Je sentais que j'allais remplacer Carole en tant que mouton noir.

Je me souviens très bien de la toute première fois où tante Rollande me frappa. Cette journée d'hiver, nous avions joué dehors une bonne partie de la journée. Nous étions entrées et sorties de la maison à plusieurs reprises, ce qui causait des courants d'air. Tante Rollande n'en pouvait plus de toujours nous voir entrer et sortir de la sorte. À un certain moment, elle se fâcha contre nous et, en criant, nous intima de demeurer dehors jusqu'à ce que nous décidions de rentrer pour de bon. Cette colère était justifiée, je l'avoue, et nous avions respecté son ordre.

Mais voilà qu'une envie d'aller à la selle me prit, alors que nous jouions dans le champ. Il n'y avait pas une demi-heure que tante Rollande nous avait ordonné de demeurer dehors. Je me dis que je ne pouvais rentrer de nouveau pour aller aux toilettes sans me faire gronder. Et ça, c'est ce que je souhaitais le moins au monde, puisque je craignais une raclée. J'avais alors une grave décision à prendre : rentrer définitivement, ce qui signifiait que je laissais mes amies jouer dehors sans moi, ou alors déféquer dehors. Et je décidai finalement d'opter pour la seconde solution et de faire caca dehors, dans le champ. Je descendis mon habit de neige, je m'accroupis pour faire mes besoins et remontai mon pantalon. Je n'en fis pas de cas et tout me semblait rentré dans l'ordre.

Par contre, Chantal y vit immédiatement une belle occasion de me faire punir par sa mère et elle se rendit sans tarder à la maison pour lui faire part de ma dernière idée saugrenue. En apprenant la nouvelle, tante Rollande sortit sur le balcon en criant.

– Nathalie, rentre à la maison tout de suite!

Elle avait l'air fâché. Le petit manège de Chantal avait bien fonctionné. Elle avait convaincu sa mère qu'elle devait me punir. En rentrant à la maison, tante Rollande, furieuse, me traitait de truie à mon tour. La «cochonne» et la «salope», c'était moi maintenant. Alors que je retirais mon habit de neige, tante Rollande s'approcha de moi pour me frapper à la tête. Elle me donna de fortes claques derrière et sur le côté de la tête, tout en criant. Après quelques minutes de ce violent traitement, elle m'envoya dans ma chambre. Le premier pas était maintenant franchi pour Rollande : elle m'avait initiée à sa violence et pourrait dorénavant me frapper de nouveau si d'autres occasions se présentaient.

## La martyre

À une certaine époque, une autre sœur de ma mère (et de Rollande par conséquent) vint habiter à la maison. Monique et Rollande s'entendaient à merveille. Mais lorsqu'elles étaient ensemble, on aurait dit que leur quotient intellectuel diminuait de façon draconienne. Elles redevenaient des enfants. Elles ne cessaient de rire des autres. Parfois, elles pouvaient passer des soirées entières à placer des appels au téléphone. Elles échafaudaient des tours pendables et prenaient un malin plaisir à les exécuter ensemble. Leur méchanceté était multipliée par deux.

Ma cousine Chantal avait pris l'habitude de demeurer avec elles durant ces périodes, comme si elle souhaitait apprendre à devenir malfaisante et désagréable, comme elles. Et les deux femmes nous prirent en grippe, Carole et moi. Dès que nous faisions quelque chose de mal à leurs yeux, elles se faisaient un plaisir de nous disputer en équipe. Et elles s'encourageaient l'une l'autre.

Un après-midi, elles étaient au salon et nous firent venir près d'elles. Elles semblaient heureuses de nous annoncer qu'elles avaient l'intention de nous enseigner un nouveau jeu. On m'indiqua de me placer sur le sol, au milieu du salon. Elles expliquèrent alors le but du jeu: le rôle de Carole et de Chantal était de me battre! Et il m'était bien sûr interdit de me défendre ou de me plaindre. Je devais rester là à recevoir les coups que me portaient mes deux cousines, sans broncher. Puis, Rollande fit le décompte.

– 1, 2, 3, go!

Chantal et Carole se ruèrent sur moi pour me frapper à grands coups de poing et de pied et pour me donner des claques. Rollande et Monique étaient assises sur le divan, mortes de rire. Elles encourageaient mes cousines à me frapper et à me frapper encore, toujours et plus fort.

Carole, qui avait toujours été victime au même titre que je l'étais à l'instant, hésitait à me frapper, puisqu'elle était davantage de mon côté que du leur. Lorsque tante Rollande s'en aperçut, elle la disputa et lui répéta de me frapper, sinon elle allait être punie. Quant à Chantal, la méchante, elle s'en donnait à cœur joie. Le plaisir qu'elle éprouvait à me frapper se lisait dans ses yeux. Elle me martelait sans relâche, encouragée par mes deux tantes, qui s'esclaffaient et tapaient des mains.

Les coups de pied et de poing de Chantal me faisaient souffrir énormément. J'éprouvais de la douleur partout sur mon corps. Selon les règles de ce jeu, il m'était interdit de me défendre. Mais il m'arriva à quelques reprises de le faire sans m'en rendre compte. C'était devenu instinctif, puisque j'avais trop mal pour me laisser frapper sans réagir. Lorsque tante Rollande s'en aperçut, elle se mit de la partie pour me frapper à son tour, en guise de punition, comme si cela ne suffisait pas.

## Les nœuds

J'avais toujours de la difficulté à m'endormir, au moment du coucher. Et pour m'aider à combattre l'insomnie, j'avais toujours ce truc que j'avais découvert toute jeune, de faire rouler ma tête. Ce mouvement de gauche à droite m'étourdissait et me permettait ainsi de m'endormir. Mais cela mettait mes cheveux en bataille et ils étaient complètement remplis de nœuds, le matin venu.

Chaque matin, tante Rollande devait passer un temps fou à démêler mes cheveux. Et elle fulminait et grognait chaque matin. Elle avait bien raison d'être furieuse contre moi, mais ce n'était pas une raison pour toujours jurer comme elle le faisait et me donner des claques sur la tête.

Je m'asseyais sur une chaise de la cuisine tandis qu'elle se tenait derrière moi. Avec un peigne et une brosse, elle tirait mes cheveux. Elle tirait si fort que je croyais qu'elle allait m'arracher la tête. Ça me faisait très mal et je me lamentais, ce qui la fâchait encore plus.

– Ferme ta yeule! T'as voulu te brasser la tête? Bien là, il faut les enlever, les nœuds! Ferme ta yeule et endure!

C'est de cette façon que j'étais traitée. Je pleurais tout au long de ces séances de débroussaillage de cheveux. Tante Rollande croyait que je pleurais uniquement pour attirer l'attention sur moi. Ces pleurs me valurent le surnom de «larmes de crocodile». C'est comme ça qu'on me surnommait chez ma tante, dès que je commençais à pleurer. Puis, on m'appela aussi le nid d'abeilles, en référence à mes cheveux mêlés. Tellement qu'ils en étaient rendus à m'appeler très rarement par mon réel prénom, Nathalie.

**L'orage**

Tante Rollande savait que j'avais une sainte peur des orages. Le tonnerre et les éclairs me rendaient folle. Ces grondements résonnaient dans ma tête et m'effrayaient au plus haut point. Fréquemment, lorsque le temps était à l'orage, je refusais d'aller au lit, tant j'étais terrifiée de me retrouver seule dans mon lit. La présence de mes cousines à proximité n'était pas suffisante pour me rassurer. Il fallait que j'aie un adulte près de moi, sinon je tremblais de peur.

Un soir d'été, alors qu'un violent orage sévissait, je fus terrorisée au point de refuser de me coucher. Je voulus attendre que l'orage se termine avant de quitter les adultes et de gagner mon lit. Mais tante Rollande ne l'entendit pas ainsi. Elle souhaita avoir la paix et me voir aller au lit comme d'habitude.

Devant mon refus d'obtempérer à ses ordres, elle décida de me punir. Une fois de plus. Mais la punition qu'elle m'infligea à ce moment-là dépassait l'entendement. Si elle croyait ainsi m'enlever ma crainte des orages, elle se mettait un doigt dans l'œil. Pendant les années qui suivirent, j'eus peur des orages comme jamais.

– Déshabille-toé!

Je ne comprenais pas pourquoi elle m'intimait l'ordre de me dévêtir.

– Allez! Fais ce que je te dis et déshabille-toé! Enlève ta jaquette et donne-moé-la!

Je me retrouvai en camisole et en petite culotte, dans la cuisine. Elle se dirigea vers la porte menant à l'extérieur et l'ouvrit.

– Tu vas sortir et aller prendre l'air un peu sur le balcon, ma petite fille! Ça va te faire du bien!

Je n'en revenais pas. Pas ça! Elle n'allait pas me faire sortir en petite tenue, alors que je craignais les orages autant que les loups et les fantômes? Elle me prit par le bras et m'entraîna de force jusqu'à l'extérieur. Lorsque j'eus les deux pieds sur le balcon mouillé, elle referma la porte derrière moi et la verrouilla. J'étais seule dans la noirceur. Il pleuvait à torrents et des éclairs bleus illuminaient le ciel devant moi. Le tonnerre m'effrayait. Je pleurais. J'avais peur. J'avais froid aussi. L'humidité me glaçait. Les gouttes d'eau qui tombaient sur le balcon éclaboussaient mes jambes tremblantes. Je grelottais de tout mon être. Chaque coup de tonnerre me faisait sursauter.

Je tentai bien de rentrer dans la maison, mais la porte était bel et bien verrouillée. Je dus me faire à l'idée que j'allais passer la nuit sur le balcon. Évidemment, il n'était pas question de tenter de m'endormir dehors. Je m'assis donc sur une chaise, grelottante, dans l'attente que quelqu'un vienne me chercher. C'est au bout de presque une heure que ma tante ouvrit finalement la porte pour me laisser entrer.

Je me séchai avec la serviette qu'elle m'avait apportée. Elle hurlait encore contre moi, me traitant de sotte. En moins de temps qu'il n'en faut pour le dire, je pris le chemin de ma chambre pour y passer la nuit. Je ne craignis pas moins l'orage, mais au moins, j'étais au chaud.

## La visiteuse inattendue

Il y avait déjà près de cinq mois que j'étais chez tante Rollande et je n'avais pas encore vu ma mère. Je ne lui avais presque jamais parlé au téléphone non plus. Je m'ennuyais et rêvais du jour où elle allait venir me chercher.

Ce soir-là, j'étais couchée, mais comme d'habitude, je n'arrivais pas à m'endormir. Des gens arrivèrent à la maison. Un homme et une femme. Je les entendis parler avec tante Rollande. Il devait être autour de vingt et une heures. Plus la dame parlait, plus je trouvais qu'elle avait la voix de ma mère. Elle avait aussi ses expressions. Il y avait longtemps que je l'avais entendue parler, je reconnus pourtant certaines caractéristiques qui lui étaient propres. Comment pouvais-je oublier la voix de ma propre mère?

Mais plus j'y pensais, plus je me disais que ce ne pouvait être elle. Je ne pouvais croire que ma mère avait choisi un moment où j'étais couchée pour venir voir sa sœur. Je n'osais pas y croire. Soit tante Rollande, méchante comme elle était, avait fait exprès pour ne pas m'en informer avant mon coucher, soit ma mère souhaitait que je sois tenue dans l'ignorance de sa visite. Je ne comprenais plus rien à cette histoire. Qu'est-ce que ma mère pouvait bien venir faire chez tante Rollande à cette heure? J'en conclus qu'elle n'était pas venue pour me voir et ça me rendait triste.

Mais qu'à cela ne tienne, l'attrait de ma mère était plus fort que tout. J'entendais cette voix familière et rassurante et je ne pouvais concevoir que je n'allais pas me lever pour voir ma mère chérie. Depuis si longtemps que j'attendais sa venue, je n'allais pas la rater.

Je décidai donc de me lever et de faire semblant d'aller aux toilettes. En fait, de faire comme si j'ignorais la présence de ma mère. Ce fut ce que je fis. Et en me rendant à la salle de bains, j'aperçus ma mère. C'était bien elle. Je me dirigeai vers elle, en feignant la surprise. Je fus ravie de la revoir. Elle aussi semblait finalement heureuse que je me sois levée. Tellement qu'elle me serra dans ses bras. Cependant, je savais que tante Rollande serait furieuse de me voir debout. Devant ma mère, elle n'en laissa rien paraître, mais je me doutais bien qu'elle bouillait intérieurement, parce que je lui avais désobéi.

Exceptionnellement, on me permit de demeurer debout jusqu'à ce qu'elle s'en aille. Au bout de quelques heures, je tombais de fatigue, mais refusais de regagner mon lit, consciente que je ne reverrais probablement pas ma mère pendant de longues semaines. Quand elle partit, vers minuit, j'étais presque contente, parce que j'allais enfin pouvoir retourner me coucher.

Mais tante Rollande ne l'entendait pas ainsi. Dès que la porte se referma derrière ma mère, son visage redevint méchant. Comme il avait l'habitude d'être lorsqu'il n'y avait pas de visiteur à la maison. J'avais vu juste et tante Rollande était furieuse parce que je m'étais levée sans permission. Elle me traitait de «seineuse». Lorsque je tentai de regagner ma chambre à coucher, Rollande exigea que je demeure à la cuisine.

– Tu as voulu te lever, maudite vache, tu vas rester debout, maintenant! Assis-toé icitte pis bouge pas de là tant que je te l'aurai pas dit!

Je dus prendre place sur une chaise berçante, tout près du congélateur. Elle était située à un endroit où il m'était impossible de voir la télévision au salon.

– Je t'interdis de te bercer, de te lever et de dormir. C'est compris?

Elle éteignit la lumière et se rendit dans le salon pour regarder la télévision, comme elle le faisait tous les soirs. J'étais seule à la cuisine, dans le noir total. Les seules lueurs que j'avais étaient celles de la télévision et de la petite lumière orange du congélateur. Je savais que tante Rollande s'endormait fréquemment au salon et qu'elle y passait la nuit régulièrement : j'espérais qu'elle ne m'oublierait pas à la cuisine et que je n'y passerais pas la nuit. Mes yeux se fermaient, je m'endormais. Mais tante Rollande m'avait interdit de dormir... Et elle venait jeter un coup d'œil dans la cuisine à intervalles réguliers, pour s'assurer que je respectais ses ordres.

J'avais dû m'endormir. Je fus réveillée par un solide coup d'annuaire du téléphone, que tante Rollande rangeait sur le réfrigérateur. Elle m'en avait asséné un solide coup derrière la tête, parce que je m'étais assoupie. J'avais mal à la tête. Ça lui était bien égal, elle avait déjà regagné son salon. À deux autres reprises, au cours des minutes suivantes, elle me réveilla ainsi, à grands coups de bottin.

Puis, à un certain moment, elle décida que j'avais suffisamment poireauté à la cuisine et m'envoya me coucher dans ma chambre.

– Va te coucher, maudite «seineuse»! Mais je t'avertis : la prochaine fois, tu vas passer toute la nuit deboutte!

Le lendemain matin, j'avais classe. Et même si je m'étais couchée aux petites heures de la nuit, tante Rollande ne fit aucune exception pour moi. À la même heure que d'habitude, je dus me lever et me rendre à l'école. Inutile de dire à quel point j'étais fatiguée. J'aurais payé cher pour avoir la permission de demeurer dans mon lit, ce matin-là. Mais je crois que tante Rollande n'avait pas suffisamment d'amour pour moi pour accepter cette faveur. J'en étais si certaine que je m'abstins de lui en faire la demande.

À l'école, je passai la journée couchée sur mon bureau. Je m'endormais même sur mon pupitre, pendant que l'enseignante donnait son cours. La direction de l'école en fut informée et avisa sans tarder tante Rollande du fait que j'étais très fatiguée.

À la fin de la journée, j'eus hâte de rentrer à la maison, afin d'offrir à ma tante l'un des premiers repas concoctés à l'école, dans un cours d'art culinaire. J'étais fière d'avoir réalisé des saucisses enrobées de pâte. Toute la journée j'eus envie de les manger, mais je décidai plutôt de les garder intactes pour les montrer à tante Rollande.

À mon arrivée à la maison, elle faisait des mots croisés sur la table de la cuisine. Je n'eus pas le temps de dire ou de montrer quoi que ce soit, puisque tante Rollande commença à me disputer dès mon entrée. Elle éteignit d'un seul coup tout l'enthousiasme qui m'habitait cette journée-là. Elle était furieuse parce que l'école lui avait téléphoné pour lui faire part du fait que je dormais en classe.

– Ma tabarnak! C'est pas vrai qu'on va commencer à appeler icitte parce que tu vas mal à l'école. Leur as-tu dit au moins que t'avais passé la nuit deboutte pour voir ta mère?

Elle se sentait humiliée parce que l'école lui avait fourni un rapport négatif sur mon compte. Visiblement, elle ne se souvenait déjà plus que c'était à cause d'elle si j'étais si fatiguée. C'était pourtant elle qui m'avait forcée à me coucher à une heure aussi tardive. Elle devait faire de l'amnésie... Mais c'est tout de même moi qui écopai.

Elle s'avança vers moi pour me frapper. Arrogante, elle me donna d'abord une poussée de provocation, ce qui me fit reculer de quelques pas. Elle me donna ensuite quelques claques derrière la tête, en me criant des bêtises. Dans l'échauffourée, mes saucisses furent projetées en l'air avant de s'écraser sur le sol.

Pour ma punition, cette fois, je dus souper en vitesse, faire mes devoirs encore plus vite, prendre mon bain rapidement pour me coucher aussitôt. Je trouvai cette façon de faire très injuste, mais n'y pus rien. C'était elle l'adulte, c'était donc elle qui avait le pouvoir.

Malchanceuse comme je l'étais, je glissai dans la baignoire, tombai et me fendis un œil sur un rebord. Ce soir-là, je m'endormis en pleurant, en entendant mes cousines s'amuser...

## Un jeu dangereux!

Tante Rollande et sa sœur Monique prirent l'habitude de ce nouveau jeu, au cours duquel mes deux cousines devaient me battre. Il se déroulait toujours au salon, à notre retour de l'école, mais avant le retour du travail de mon oncle Gaétan. Celui-ci ignorait tout de ces jeux barbares et des traitements indécents qu'elles nous réservaient, à Carole et à moi.

Cet après-midi-là ne faisait pas exception à la règle. Monique et Rollande se tordaient de rire sur le sofa, en encourageant mes deux cousines à me frapper. Elles semblaient prendre un malin plaisir à me faire maltraiter par les deux fillettes. Soudainement, tante Rollande se leva.

– O.K., les filles, c'est assez! J'ai un nouveau jeu!

Ma tante Monique sortit alors des aiguilles. Il s'agissait d'aiguilles à tête mesurant environ un demi-pouce de long. Elle en remit cinq à Chantal, cinq à Carole et cinq autres à moi. Tante Rollande demanda à mes deux cousines de s'approcher d'elle, ce qu'elles firent. Elles se parlèrent en chuchotant, discrètement, un peu à la manière des joueurs de football avant d'entamer un jeu. Moi, je ne pus faire partie du caucus et on me laissa dans l'ignorance au centre du salon.

Une fois leur petit plan bien mijoté, on m'expliqua que le jeu consistait à avaler les cinq aiguilles qu'on nous avait remises! Rien de moins! J'étais sidérée. J'étais convaincue de mourir étouffée, en avalant ces aiguilles. Je les imaginai piquer le fond de ma gorge et y rester. Je ne pus croire que mes deux tantes allaient me forcer à avaler ces petits morceaux de métal piquants.

Chantal fut la première à «jouer». Elle me fit dos, pencha sa tête vers l'arrière et laissa tomber une première aiguille. Je ne la vis pas tomber dans sa bouche, mais je voyais Chantal faire la moue, ce qui me laissait croire qu'elle avalait véritablement les aiguilles. Je m'attendais à ce qu'elle s'étouffe, qu'elle tousse ou pire, qu'elle meure, mais heureusement, ce ne fut pas le cas. Après avoir «ingurgité» ses cinq aiguilles, Chantal semblait bien aller. Elle arborait même un étrange sourire. J'étais étonnée, mais tout de même un peu rassurée.

Puis ce fut à Carole de faire de même. À son tour, elle me tourna le dos et avala les cinq aiguilles une à une, d'un seul coup. Sans toussoter ou s'étouffer. Finalement, mon tour vint.

Je voulus me placer de dos, comme mes deux cousines l'avaient fait, mais on me l'interdit. Je dus faire face à l'assistance pour avaler les cinq aiguilles qui m'étaient destinées. Mes deux tantes et Chantal rigolaient sans que je sache trop pourquoi. Carole se faisait plus discrète. Je tremblai avant de laisser tomber la première aiguille dans ma bouche. J'imaginai la façon la moins pire pour le faire, soit en plaçant la tête de l'aiguille vers le bas, afin d'éviter que l'aiguille demeure piquée dans ma gorge. Puis, je me décidai enfin.

Je pris la première aiguille de cette façon et la laissai tomber au fond de ma gorge. Je l'avalai d'un coup sec. À mon grand étonnement, je ne m'étais pas étouffée. Forte de cette première réussite, je continuai avec les quatre autres aiguilles. Mes deux tantes riaient comme des folles sur leur divan, en me regardant faire. Jamais elles ne m'empêchèrent de continuer lorsqu'elles virent que je les avalais vraiment. Après l'accomplissement de mon «exploit», tante Rollande me félicita à sa manière.

– T'es une câlisse de folle! Tu les as avalées pour de vrai!

Effectivement, mais avais-je le choix? C'est bien ce qu'elle m'avait demandé, non? Mes deux cousines l'avaient fait avant moi et je savais que je risquais une fessée si je refusais de le faire, mon tour venu. Alors je le fis, c'est tout! Mes deux tantes se dirigèrent ensuite à la cuisine et commencèrent à réaliser la dangerosité potentielle de ce qu'elles m'avaient fait faire. Elles ne riaient plus et commençaient à trouver leur petit jeu moins drôle.

Comprenant elle aussi la gravité de la situation, ma cousine Carole vint alors me trouver pour s'enquérir de mon état. J'allais très bien. J'avais de la difficulté à comprendre pourquoi elle s'intéressait tant à ma situation, alors qu'elle en avait vécu une semblable quelques minutes plus tôt. C'est là que je compris que mes deux cousines n'avaient pas réellement avalé les aiguilles, elles. C'est ce qui avait été convenu dans leur caucus et la raison pour laquelle elles me tournaient le dos. Plutôt que de les avaler, elles les dissimulaient discrètement dans une grille de chauffage placée à leurs pieds. Ce qui comptait pour le moment, c'est que je n'avais mal nulle part et que j'étais bien.

Une heure plus tard, environ, mon oncle Gaétan arriva du travail. Tante Rollande prit subitement un air paniqué et, énervée, annonça à Gaétan que je venais d'ingérer des aiguilles.

– Tu sais pas ce qu'elle a fait, l'hostie de folle? Elle a mangé des aiguilles!

Évidemment, elle omit de raconter le contexte dans lequel cela s'était produit. Elle rejetait ainsi toute la responsabilité de l'incident sur mon dos. Immédiatement, Gaétan téléphona au centre hospitalier Le Gardeur, qui demanda à ce qu'on m'emmène rapidement à l'urgence. Je ne devais pas vomir ou boire du lait. Cependant, on recommandait que je mange du pain. Mon oncle Gaétan était très nerveux et me conduisit très rapidement à l'hôpital. Tante Rollande prit place sur le siège du passager et se retournait sans cesse vers moi pour me donner du pain. Hypocrite, elle me demandait aussi comment j'allais.

En sortant de la voiture, Gaétan donna un coup de pied aux fesses de ma tante. Je ne compris jamais pourquoi il avait fait ça. Peut-être se doutait-il qu'elle était assez folle pour être à l'origine de tout ça?

On me fit subir des rayons X. Je me souviens très bien que, sur la photographie, on distinguait très clairement quatre aiguilles. Elles étaient déjà descendues dans mes intestins. Les médecins ont dit que j'avais été «très chanceuse». Ils recommandèrent qu'on vérifie mes selles scrupuleusement pendant un certain temps, afin d'être certains que les aiguilles ressortent bien. Quatre sont sorties, et je ne sais toujours pas ce qu'est devenue la cinquième. J'ai toujours dit que c'est elle qui avait mis du piquant dans ma vie!

Curieusement, je n'eus jamais de fessée pour cet incident. Tante Rollande m'en reparla toutefois une seule fois, le lendemain, en l'absence de son mari.

– T'es une crisse de folle! On peut te faire faire n'importe quoi!

## Le départ

Finalement, au fil des semaines, je pus passer les week-ends auprès de ma mère. On me conduisit chez une autre tante, Suzanne, à Tétreaultville, dans l'est de Montréal, pour effectuer le transfert. Ma mère s'y rendait aussi et j'allais passer la fin de semaine avec elle et son copain, Pierre, dans l'appartement qu'ils habitaient maintenant ensemble, sur la rue Fullum.

Ma mère ne travaillait plus et était prestataire de l'aide sociale. Elle demeurait avec Pierre. Celui-ci recevait aussi de l'aide sociale, mais ma mère justifiait ses fréquentes absences en expliquant qu'il exécutait divers travaux çà et là. Je ne crus jamais ma mère sur ce sujet et je fus toujours persuadée qu'il volait.

Je découvris aussi que Pierre était un être profondément violent. Du moins beaucoup plus que lorsque je demeurais avec ma mère. Un week-end, alors que nous étions partis de chez tante Suzanne et que nous nous dirigions vers leur appartement en taxi, nous nous sommes arrêtés devant une petite pâtisserie. Ma mère appréciait que je passe quelques jours avec eux et voulut me faire un cadeau. Puisque j'aimais beaucoup les carrés feuilletés, elle avait décidé de me faire plaisir et de m'en offrir un.

Pierre, qui prenait place sur le siège avant, annonça alors au chauffeur son intention de ne pas lui régler sa course. J'étais surprise de l'entendre dire pareille sornette, mais me dis qu'il devait savoir ce qu'il faisait. Le chauffeur et Pierre sortirent de la voiture et le premier menaça alors de faire intervenir ses collègues s'il ne payait pas. Pierre vit tout simplement rouge. Il fit le tour de la voiture pour asséner un violent coup de poing au chauffeur de taxi, en plein visage. Les lunettes de ce dernier furent projetées plusieurs mètres plus loin.

Ma mère et moi étions sur le coin de la rue à regarder l'affreuse scène. Je fus éberluée de la violence qui habitait Pierre. Il était vraiment déchaîné. Ma mère, qui me tenait par la main, me laissa seule au coin de la rue pour aller calmer son homme. Mais Pierre n'entendait rien et frappait le pauvre chauffeur sans relâche. Tout ça parce qu'il l'avait menacé de faire intervenir des collègues. Tout ce que ma mère réussit à faire pour le malheureux chauffeur, fut de le faire fuir.

–Va-t'en! As-tu compris? Va-t'en! Il va te tuer si tu restes ici!

Et c'est ce que l'homme fit. Je tremblais de peur. J'espérais que Pierre allait être moins agressif avec nous... Ma mère ne lui dit rien. Elle n'osait plus le contredire. Je compris qu'elle en avait peur elle aussi. Je constatai à la longue que chaque fois que Pierre prenait un taxi conduit par un homme de race noire, il refusait de payer. En fait, il lui laissait le choix : le laisser partir sans payer ou encore se battre avec lui. Et à voir sa stature, le choix n'était guère difficile à faire.

Pour Pierre, tout était prétexte à bataille. Il aimait la bagarre et la violence. Et il était pire lorsqu'il avait consommé de l'alcool. Ça explique que je me mettais à trembler chaque fois que je le voyais décapsuler une bouteille de bière.

Un autre jour, alors que nous marchions sur le trottoir, Pierre eut le pied écrasé par une voiture qui tournait un coin de rue. Pierre marchait dans la rue. L'automobiliste, se rendant compte qu'il avait peut-être blessé Pierre, arrêta son véhicule pour s'enquérir de son état. Avant même que le conducteur n'ait eu le temps de sortir de son véhicule, Pierre arriva près de la voiture. Il donna un solide coup de poing sur le coffre arrière. Puis, ce qui devait arriver arriva: il ouvrit la portière du conducteur pour le sortir de l'habitacle et lui administrer une raclée.

Malgré la crainte que j'avais de cet homme, je voulais par-dessus tout vivre de nouveau avec ma mère et retrouver ainsi le noyau familial que j'avais perdu de vue depuis si longtemps. J'en avais assez de m'introduire dans la vie familiale des autres. Je voulais la mienne, avec ses bons et ses mauvais côtés.

Puis, un jour, on m'annonça la bonne nouvelle : j'allais aller vivre avec ma mère en permanence. J'étais bien contente de quitter ce foyer de fous où je demeurais et où j'étais victime de mauvais traitements, physiques cette fois. Tante Rollande m'avait dit que j'allais avec ma mère parce que personne d'autre ne voulait de moi. Ça m'était égal, puisque ce que je souhaitais le plus au monde survenait enfin. J'eus toutefois un pincement au cœur en pensant à ma cousine Carole, qui allait demeurer seule avec sa marâtre de mère. Mais au moins, moi, j'allais m'en tirer. C'est du moins ce que je croyais alors...

## Chapitre 6

# Nathalie, l'incomprise

Deux de mes sœurs, Linda et Martine, s'étaient jointes à ma mère, à Pierre et à moi pour ce Noël de 1977. Au pied du sapin, se trouvait un cadeau pour chacune d'entre nous. J'étais cependant jalouse de Linda, son cadeau semblait plus gros que le mien. Je ne cessais de demander à ma mère pourquoi Linda avait droit à un cadeau plus imposant. Je trouvais cette situation bien injuste, jusqu'au moment où on nous permit de les déballer. Je compris alors que seuls l'emballage et la grosseur de la boîte différaient puisque nous avions toutes trois le même cadeau: une paire de patins!

**Le jaloux**

Le réveillon allait bon train. Il y avait longtemps que nous ne nous étions pas retrouvées en famille pour passer Noël. L'appartement de la rue Davidson résonnait de joie. Mais plus la soirée avançait, plus Pierre se saoulait. Et je le savais violent lorsqu'il était sous l'effet de l'alcool. Je ne me souviens plus exactement pourquoi, mais à un moment donné de la soirée, Pierre eut les nerfs à vif et s'en prit à ma mère.

Il s'approcha d'elle d'un bond, la saisit à la gorge et l'écrasa contre le mur. Les pieds de ma mère ne touchaient plus le sol et se balançaient dans le vide. Son teint devint bleu-mauve. Elle ne pouvait rien opposer à cet homme violent qui faisait deux fois son poids. Elle suffoquait tellement qu'elle ne pouvait même pas crier sa détresse. Mes sœurs et moi étions terrifiées. C'était la première fois que je voyais ma mère être maltraitée par Pierre. Nous nous sommes mises à pleurer et à crier, mais rien n'y fit, Pierre refusait de lâcher prise. Je crus bien qu'elle allait mourir. Nous n'arrivions pas à comprendre pourquoi Pierre se comportait de la sorte.

Une voisine avait alerté les policiers, qui vinrent arrêter Pierre à la maison. Ce fut une soirée de Noël dont je me souviendrai malheureusement longtemps. Je crois que j'en veux à ma mère de nous avoir fait subir ces traumatismes avec des hommes qui n'avaient aucun sens de la mesure.

Au fil des jours, je découvris que Pierre était un homme jaloux et possessif. Il était incapable d'accepter que ma mère s'adresse à un autre homme ou encore qu'elle lui fasse un simple sourire. Il croyait immédiatement qu'elle l'aguichait et il devenait systématiquement violent. Il s'imaginait toutes sortes de scénarios dans lesquels ma mère le trompait ou «couraillait» les autres hommes, mais il n'en était rien. Ma mère l'aimait et elle lui était fidèle. Je le sais, puisque j'étais toujours avec elle. Si elle avait fréquenté d'autres hommes, elle n'aurait pu le faire sans que je m'en aperçoive.

Pierre était encore plus violent lorsqu'il consommait. C'est vraiment l'alcool qui le rendait ainsi, parce que, sobre, il était gentil. Il se métamorphosait et devenait un tout autre homme après quelques verres.

Un après-midi, alors que Pierre et ma mère étaient attablés à la cuisine, il asséna un violent coup de poing sur la table. Je n'ai plus le souvenir de la raison de cet autre accès de violence, mais je me souviens que ma mère eut très peur. Elle me cria de me sauver. Rapidement, je descendis l'escalier menant hors de notre appartement et j'attendis ma mère au bas des marches. Lorsque ma mère s'engagea dans l'escalier pour fuir son homme violent, je vis Pierre derrière elle, qui l'agrippa par les cheveux. Ma mère avait presque franchi la moitié de l'escalier lorsque Pierre mit un frein à sa fuite.

C'est en tirant sur sa chevelure qu'il réussit à retenir ma mère. Il tirait pour la remonter vers le haut de l'escalier. Ma mère ne voulait pas et se cramponnait tant bien que mal aux barreaux de la rampe. Elle criait comme jamais je ne l'avais entendue crier. Mais la douleur qu'elle éprouvait à la tête eut raison d'elle et elle céda finalement. Je revins aussi dans l'appartement, tremblotante de peur, craignant la suite des événements. Mais bizarrement, tout redevint très calme. Plus tard, Pierre se coucha et ma mère en profita pour s'enfuir. Nous avons fait nos bagages et avons quitté les lieux pour aller vivre chez une amie de ma mère. Elle téléphona à l'école pour motiver mon absence par une amygdalite, puisqu'elle était trop honteuse pour en dire la réelle raison. Pendant deux ou trois jours, nous sommes demeurées chez cette amie, après quoi ma mère choisit de retourner vivre avec Pierre.

Elle oscillait entre l'amour et la haine. Cet éternel déchirement la rendit malheureuse toute sa vie. Pour ma part, je ne comprenais pas ma mère de revenir sans cesse avec cet homme qui lui voulait du mal.

Ces fuites devinrent par la suite notre lot quotidien. Ma mère fuyait Pierre et revenait vivre avec lui quelques jours plus tard, cédant ainsi à ses belles paroles du genre «Je t'aime, je ne recommencerai plus». Nous gardions cependant un sac de vêtements et d'effets personnels prêt, au cas où nous devrions quitter les lieux en vitesse. Je vivais dans un état de totale insécurité, ne sachant jamais à quel moment la dispute allait éclater, à quel moment nous allions fuir notre chez-nous. Je me consolais toutefois : j'étais avec ma mère. Après tout ce que j'avais vécu dans le passé, c'était tout ce qui comptait.

Certains soirs, Pierre sortait avec des amis. Souvent, avant de rentrer, il téléphonait à la maison. Ma mère venait alors me réveiller, au milieu de la nuit, pour me prévenir d'être prête à fuir rapidement, au cas où... Maintes fois, je couchai tout habillée, afin de pouvoir sortir de l'appartement plus rapidement, avec elle. Lorsqu'il rentrait, il était saoul et les disputes éclataient fréquemment entre ma mère et lui. Celle-ci lui reprochait de s'être saoulé toute la nuit et Pierre, rendu violent par l'alcool, commençait à frapper ma mère et à l'injurier.

**Ma première communion**

Pourtant, lorsqu'il était sobre, Pierre était si différent. Il était très gentil avec moi. Il chantait et me faisait danser. Je me souviens que, le jour de ma première communion, il fut très fier de moi. Il m'emmena faire un tour de ville dans la voiture décapotable de son frère après m'avoir assise sur le dossier du siège arrière. Les cheveux au vent, nous nous sommes baladés dans les rues de la ville. Il klaxonnait comme s'il avait envie que toute la population sache que je venais de communier pour la première fois. Je crois qu'il m'aimait beaucoup, à sa manière.

Pierre était un être dépendant affectif. Il était fou d'amour pour ma mère. Aussi farfelu que cela puisse paraître, c'est par amour qu'il la battait. Il était si amoureux d'elle qu'il en était devenu jaloux et possessif à l'extrême. Ceci explique pourquoi il refusait qu'elle parle à un autre homme ou même qu'elle le regarde. Inévitablement, lorsque cela se produisait, ça se terminait dans la violence.

Pour ma part, j'étais incapable de voir ma mère peinée. Cela me brisait le cœur et j'aurais tout donné pour qu'elle retrouve le bonheur dans ces moments de tristesse. À de nombreuses reprises, lorsque Pierre criait après ma mère, je lui tenais tête et l'affrontais, comme pour protéger ma mère.

Notre appartement était souvent le théâtre de violentes bagarres entre Pierre et ses invités. Ainsi, un soir où il buvait à la maison avec mon oncle Maurice, ceux-ci se disputèrent pour une raison dont je n'arrive pas à me souvenir. Tous deux en état d'ébriété, ils commencèrent à se battre dans l'appartement. Ma mère, exacerbée, leur demanda d'aller faire ça ailleurs. Les deux hommes firent une trêve de quelques secondes, le temps de se retirer dans la chambre de ma mère pour se battre en paix.

Bien que jouant dans ma chambre à coucher, j'eus conscience de tout ce qui se passait dans la pièce voisine. J'entendais des cris, des bruits et des coups. C'était évident que ça brassait beaucoup dans la pièce, parce que j'entendais le bruit des coups sur les murs et des meubles qu'ils déplaçaient. Seule dans ma chambre, je craignais que, pour une raison futile, ils se décident à venir dans ma chambre et que, à mon tour, je sois victime de violence. Pour me rassurer, je me bouchais les oreilles et faisais rouler ma tête d'un côté et de l'autre, dans l'espoir de ne pas entendre tout ce vacarme et d'oublier ce qui se passait à côté.

## La fuite

Puis, après une des nombreuses fugues que ma mère fit avec moi pour fuir son conjoint déchaîné, nous nous sommes retrouvées à Contrecoeur, non loin de Sorel, dans un appartement situé au-dessus de celui de mon oncle Gilles. Je compris vite que ma mère avait laissé Pierre de façon définitive pour aller mener une vie plus tranquille, en banlieue de Montréal. Ma mère avait ainsi répondu à l'invitation de son frère, qui lui répétait depuis belle lurette de quitter Pierre et de venir vivre à Contrecoeur pour avoir la paix. Lorsque l'appartement au-dessus de chez lui se libéra, Gilles le mentionna à ma mère qui vit là l'occasion rêvée de se rapprocher de ce frère qu'elle aimait bien et de fuir cet univers d'agressivité et de révolte dans lequel elle vivait depuis des années.

À cet endroit, notre vie prit un tout nouveau sens. Du moins, les premières semaines. D'abord, ma mère cessa de boire presque complètement. Puis, il n'y eut plus de violence à la maison. L'atmosphère devint beaucoup plus paisible. Ma mère récupéra aussi la garde de mes sœurs Linda et Martine. Seul notre chat, Zazou, était violent: il revenait toujours à la maison ébouriffé et mal en point tant il se battait avec d'autres animaux! Mais rien à voir avec la violence de Pierre.

Quant à mon oncle Gilles, il prit une place importante dans notre vie. Il devint comme notre père, puisqu'il donnait un sérieux coup de pouce à ma mère dans sa nouvelle vie. Gilles travaillait dans l'acier, à la Sidbec Dosco. Quand je pense à lui, je me souviens qu'une de ses mains avait perdu des doigts, fâcheuse conséquence d'un accident de travail. Il était un homme sévère, mais juste. Avec lui, je me sentais encadrée pour l'une des premières fois de ma vie. Lorsque nous étions gentilles, il nous donnait des récompenses. Je me souviens aussi qu'il entrait chez nous en lançant une poignée de pièces de monnaie par terre. Mes sœurs et moi, nous nous jetions au sol pour en ramasser le plus possible et ensuite aller nous procurer des friandises.

Peu après, Gilles eut une amie de cœur, Lucie. Je devins leur nièce favorite et ils me gâtèrent beaucoup. Je me sentais aimée, pour l'une des rares fois de ma jeune vie. Ils m'emmenèrent chez la coiffeuse ou encore au magasin Woolco, pour m'offrir des vêtements.

Ma mère se sentait de mieux en mieux. Elle s'épanouissait à vue d'œil. Elle était plus consciencieuse envers sa famille aussi. Dans ses yeux, on pouvait deviner qu'elle appréciait avoir trois de ses filles avec elle. Elle menait une vie plus normale, loin de l'alcool et de la violence de Pierre et de Robert. Elle cuisinait et tricotait.

## La cigarette

Je n'aimais guère l'école. J'étais incapable de me concentrer sur des notions de mathématiques ou de français. Je préférais de beaucoup l'éducation physique. Il m'arrivait même, à l'occasion, de me glisser en douce dans la chambre de ma mère pour annuler la sonnerie du réveille-matin, afin d'arriver en retard à l'école! Évidemment, une nuit, ma mère me surprit et ce fut la dernière...

Je commençai aussi à fumer en cachette dès l'âge de huit ans. Pourtant, aucune de mes amies ne fumait à cet âge, mais moi, j'eus envie d'en faire l'expérience. Je ne pouvais tout de même pas le dire à ma mère, parce qu'elle aurait refusé, c'est certain. Alors, je dus le faire discrètement. Je volais des mégots dans les cendriers de la maison et je les fumais en l'absence de ma mère.

Un après-midi, l'envie de fumer me prit. Je m'enfermai donc dans la salle de bains pour fumer quelques mégots, seule. J'étais un peu nerveuse parce que je savais ma mère à deux pas, et je ne souhaitais pour rien au monde me faire prendre. La cigarette aux lèvres, je me penchai sous la porte, afin de localiser les pieds de ma mère dans la cuisine.

Ce que j'ignorais, c'est qu'elle était sortie pour faire quelques travaux autour de la maison. Et au moment même où je me penchai pour jeter un coup d'œil sous la porte, elle passa devant la petite fenêtre de la salle de bains et me vit faire. Intriguée de me voir ainsi à quatre pattes, elle cogna à la fenêtre. Surprise, je me tournai vers la fenêtre, la cigarette fumante aux lèvres. C'est de cette façon qu'elle apprit que je fumais.

Elle rentra à la vitesse de l'éclair pendant que je me dépêchais de me débarrasser de mes bouts de cigarettes en les jetant dans la cuvette des toilettes. En arrivant dans la maison, elle me questionna.

– Qu'est-ce que tu faisais là, Nathalie? T'as fumé, hein?

– Non...!?

Ma mère n'était pas dupe et elle savait bien ce que j'avais fait. Je m'attendais à me faire disputer, mais ce ne fut pas le cas. Ma mère sortit plutôt une cigarette de son propre paquet, une cigarette entière, neuve, et me la tendit.

– Tiens! Tu veux fumer? Alors fume! Mais quand tu auras terminé, plutôt que de l'éteindre, dis-le-moi! Je serai dehors...

Je trouvais effectivement ma mère étrange, mais compréhensive. Comme elle me l'avait demandé, je l'avertis une fois la cigarette fumée. Aussitôt, elle rentra et prit le mégot de mes doigts.

– Montre-moi ta langue!

– Quoi?

– T'as bien compris: sors ta langue.

Je m'exécutai. Elle approcha le mégot encore rouge de ma bouche et l'éteignit sur ma langue. Je grimaçai de douleur, mais je n'émis pas un seul son, tant j'étais orgueilleuse. Pendant de longues secondes, elle tourna le bout de cigarette sur ma langue. Elle le maintint en place et elle semblait attendre que je la supplie d'arrêter. Je sentis ma langue s'épaissir. Ma mère crut probablement m'enlever ainsi à tout jamais le goût de fumer, mais elle se trompa.

Mon oncle Gilles apprit par ma mère que j'avais été surprise à fumer, il m'offrit donc de le faire avec lui. Et j'acceptai. Mais ce n'était pas des cigarettes ordinaires qu'il voulait me faire inhaler, c'était des cigares! Je ne me doutai pas qu'un cigare etait beaucoup plus fort qu'une simple cigarette, de sorte que je m'étouffai net. Le goût de ces cigares me donna aussi la nausée et je me dirigeai immédiatement vers la salle de bains pour vomir. Oncle Gilles ricanait dans sa barbe, fier de m'avoir servi une bonne leçon!

## Ma première brosse

J'avais aussi commencé à fréquenter Carmen, une jeune fille du voisinage. Celle-ci avait un frère prénommé Alain, que j'aimais bien. Je prenais plaisir à l'appeler mon *chum*. Mais ce n'était rien de très sérieux, étant donné mon jeune âge. Tout au plus nous sommes-nous donné quelques petits baisers sur la joue.

Carmen et Alain vivaient dans une famille comme celle dans laquelle j'avais vécu, aux côtés de Pierre, c'est-à-dire où alcool, bagarres et cris étaient omniprésents. Malgré ce climat pernicieux, j'avais bien du plaisir à jouer avec les enfants de cette famille.

Un jour, ma mère arriva à la maison et vint me trouver au salon. Elle n'était pas d'humeur à plaisanter. Elle avait même l'air plutôt fâché.

– Des gens m'ont dit t'avoir vu boire de la bière chez Carmen!

C'était faux! J'avais commencé à fumer, certes, mais jamais je n'avais bu une seule goutte de bière. Ma mère s'était fait dire n'importe quoi par quelqu'un qui m'en voulait, c'était évident. Furieuse, elle s'élança et me frappa à la tête. Mais elle ne se contenta guère d'une seule claque et m'asséna de nombreux autres coups. J'eus droit à une raclée en règle. À coups de claques et de poing sur la tête et sur les bras. Je restai très surprise de cette attaque imprévue, parce qu'elle ne s'était jamais livrée à une correction aussi violente. J'estimais aussi qu'elle y allait un peu fort, compte tenu de la gravité de la «faute» présumée.

C'était la première fois que ma mère me frappait avec une telle violence. Mais ce n'était qu'un début, et ma mère allait dès lors commencer à me battre régulièrement, pour tout et pour rien. Curieusement, j'étais la seule des trois filles à la maison qu'elle frappait ainsi.

Après cette raclée, ma sœur Linda mit son nez dans cette affaire qui ne la regardait pas. Elle approuva les dires de ma mère; j'avais bu de la bière; manifestement sans savoir ce qui s'était réellement passé, puisque c'était faux. Cette incursion dans mes affaires m'avait mise en rogne contre elle au plus haut point, puisqu'elle ne visait qu'à me faire du mal. Elle m'accusait sans savoir ce qu'elle disait. Linda me poussa alors, ce qui ajouta à ma colère. Je me retournai, lui donnai un solide coup dans l'estomac et la renversai sur la table du salon. Elle écopa d'une longue égratignure dans le dos, ce qui lui causa une vive douleur. Ma mère n'intervint pas, parce qu'elle savait très bien que j'avais raison de corriger ma sœur ainsi.

À la suite de cet incident, Linda devint la «téteuse» de ma mère. Elle était un vrai petit panier percé et lui rapportait tout. Tout ce que je faisais de mal, évidemment, afin que je sois punie. Toutes deux formaient une espèce de ligue qui prenait plaisir à me faire du mal. Un peu comme tante Rollande et sa fille Chantal...

Mon oncle Gilles apprit que j'avais bu, même si c'était faux. Comme il l'avait fait lorsqu'il avait su que je fumais en cachette, il décida de me faire boire, pour m'en faire passer le goût de façon définitive. Dans son appartement, il me servit du vin et de la bière : un affreux mélange! Je l'appris à mes dépens! Ma mère et lui feignaient de boire avec moi, mais je sus plus tard qu'ils ne faisaient que semblant. La musique jouait à tue-tête, moi je buvais, et eux rigolaient de me voir faire.

Puis, Gilles me prit par les bras pour me faire tourner, tourner et tourner encore. Ce qui devait arriver arriva: je vomis dans la salle de bains. Je m'y rendais, je renvoyais, je m'essuyais la bouche et je revenais avec eux pour poursuivre ma dégustation de cet élixir de joie. Ils avaient choisi de me donner une bonne leçon! Mais Dieu sait que leur essai s'avéra un échec.

**L'aveu**

Lorsque j'ouvris les yeux, le soleil pénétrait dans ma chambre à coucher, sous les rideaux de ma fenêtre. Je me frottai les yeux pour me réveiller davantage et constater que mes draps étaient tachés. À bien y regarder, il s'agissait de sang. J'avais aussi un affreux mal de ventre. Je me demandais bien de quoi il s'agissait. J'avais peur de me faire disputer par ma mère. Mon premier réflexe fut de cacher mes draps, afin que ma mère ne voie pas que je les avais tachés. Je les enfouis au fond de ma garde-robe.

Je me suis ensuite rendu compte que ce sang provenait de mon vagin. «Mais qu'est-ce qui pouvait bien faire saigner mon vagin ainsi?», pensai-je. La seule réponse qui me vint à l'esprit était que les nombreuses relations sexuelles que Georges Racine m'avait imposées me faisaient maintenant saigner. J'étais donc doublement gênée de ces écoulements sanguins, puisque personne ne savait encore ce qui s'était passé le soir, après le souper, chez les Racine. Monsieur Racine m'avait intimé l'ordre de garder le silence absolu sur ces jeux sexuels et ce n'était pas maintenant que je souhaitais trahir son secret. Je devais donc tout faire pour éviter que quiconque apprenne que mon vagin saignait.

En sortant de ma chambre, je me rendis immédiatement à la salle de bains pour essuyer cette plaie. Mais voyant que du sang s'en écoulait toujours, je dus me fabriquer une espèce de petite éponge avec du papier hygiénique. Peu après, ma mère trouva mes draps tachés, dans la garde-robe. Je me dis qu'inévitablement, elle allait me poser des questions sur la provenance de ces saignements. Voilà! J'étais coincée! Je devrais alors avouer toutes ces perversions auxquelles je m'étais prêtée. J'avais pourtant promis à monsieur Racine de n'en parler à personne. Et s'il venait à apprendre que j'avais trahi le secret, que m'arriverait-il?

Devant ma mère qui me pressait de questions, je n'eus d'autre choix que de parler. J'étais acculée au pied du mur. Je sentais l'étau se refermer sur moi.

– Alors, Nathalie? C'est quoi, ce sang-là?

– Tu sais, maman, quand je restais à Sainte-Julienne, monsieur Racine me faisait des affaires...

Ma mère refusa d'en entendre davantage... pour le moment. Elle paniqua littéralement. Elle se leva de sa chaise et sauta sur le téléphone. Agitée, elle alerta mon oncle Gilles qui dormait, puisqu'il travaillait sur une équipe de nuit. Après une brève conversation, elle se calma un peu et se prépara un café. Puis, elle saisit de nouveau le combiné du téléphone, cette fois pour appeler mon école et justifier mon absence.

Moi, je tremblais intérieurement. Je sentais dans l'atmosphère et dans le comportement de ma mère, que mes affirmations étaient graves. De toute évidence, elles étaient prises très au sérieux. Je restais là, silencieuse, assise au bout de la table de la cuisine. Le silence était lourd et l'ambiance, très particulière. Puis, oncle Gilles arriva.

J'avais peur. J'étais désorientée. Je ne savais à quoi m'attendre. Allait-on me disputer, me battre? Pire: me placer dans une autre famille, en raison de ces affirmations-chocs. Je ne savais plus où j'en étais et me demandais sans cesse ce qui m'arriverait. Je m'attendais à tout.

Après avoir pris place sur une chaise près de moi, il m'adressa la parole.

– Tu sais, Nathalie, tu ne dois plus avoir peur de monsieur Racine. Tu ne seras plus jamais en contact avec lui...

Et il me fit raconter tout ce qu'il m'était arrivé chez les Racine. Ma mère laissait Gilles mener l'interrogatoire, démunie qu'elle était par cette situation peu commune. Elle ne disait pas un seul mot, fumait et buvait son café, attentive à la conversation.

Bien que gênée de relater ces expériences intimes, je lui racontai tout : les caresses, les masturbations, les fellations, la crème blanche, les pénétrations, le garage, la motoneige, tout. Je me sentais si mal, mais je n'avais d'autre choix que de tout avouer. Tout en narrant mon histoire, j'eus l'impression d'être importante. On s'occupait de moi et on m'écoutait. Mais j'aurais tout de même préféré n'avoir jamais eu à raconter tout ça. Ou mieux, n'avoir jamais subi d'agressions.

Après mon récit, ma mère prit le téléphone pour appeler mon travailleur social. Celui-ci, un autre nouveau, se prénommait Frédéric. Ma mère entra en contact avec lui pour l'informer de mes révélations. Devant la gravité de la situation, il confirma qu'il nous rencontrerait dans les jours suivants. Entre-temps, ma mère ne m'avait toujours pas expliqué ce qu'était ce sang qui s'écoulait de mon vagin. S'agissait-il déjà de mes menstruations, alors que je n'avais que huit ans? Je crois que devant tout ça, elle se perdait en conjectures tout autant que moi. Elle préféra donc se taire sur ce sujet et me laisser dans l'ignorance et l'inquiétude.

Ma mère me fit m'absenter de l'école pour la visite de Frédéric. Il prit le soin de me mettre en confiance avant mon récit, en m'assurant que plus jamais je ne reverrais Georges Racine et qu'ainsi, je pouvais tout dire sans crainte de représailles. De nouveau, je dus raconter tout le calvaire que Georges Racine m'avait fait subir. C'est en pleurant que je le fis, cette fois péniblement, devant cet homme, un inconnu. Je l'étonnai en lui parlant de toutes ces perversions auxquelles j'avais été soumise. Son visage changea lorsque je lui racontai que monsieur Racine avait placé son pénis dans ma bouche, qu'il avait éjaculé sur mes lèvres et qu'il m'avait débauchée dès l'âge de six ans. Puis, il m'expliqua que je serais mise en contact avec un médecin et une psychologue.

C'est effectivement ce qui arriva. Je manquai plusieurs jours de classe pour me rendre à ces rendez-vous, qui eurent lieu à l'Hôtel-Dieu de Sorel. Un premier médecin que je rencontrai, un pédiatre, me fit un examen général, en s'attardant sur mes parties génitales. Rien de plaisant de me faire toucher là de nouveau, mais je comprenais que je devais passer par cette étape. Je m'étais préparée à cela. Après m'avoir permis de me rhabiller, il me demanda de sortir et d'aller jouer dans la petite salle attenante à son bureau, de façon à demeurer seul avec ma mère quelques instants. Celui-ci lui confirma alors les pires inquiétudes de ma mère: j'avais bel et bien été agressée sexuellement. Il lui indiqua que je devais consulter un psychologue, afin d'éviter, ou tout au moins d'atténuer d'éventuelles séquelles. Le spécialiste confirma aussi que mes saignements étaient dus à mes menstruations, même si je n'étais âgée que de huit ans. J'étais précoce, c'est tout. Rien d'inquiétant. Ma mère m'expliqua alors de quoi il s'agissait, en prenant soin de me souligner que les abus de Racine n'avaient aucun lien avec ces saignements.

Je sentais bien que ces saignements étaient anormaux. Encore une fois, j'étais différente des autres. J'étais la seule de toutes mes amies à porter ces satanées serviettes hygiéniques que je trouvais si inconfortables. Je me souviens que je devais enjamber le trottoir de côté, afin que la serviette ne se déplace pas entre mes jambes. J'étais bien intriguée par ce qui m'arrivait. Je me demandais notamment pourquoi ma sœur Linda, pourtant plus âgée que moi, ne perdait pas de sang et n'avait pas de serviettes à endurer pendant une semaine.

Le rendez-vous suivant fut avec un spécialiste des troubles psychologiques. La femme me fit asseoir sur une chaise devant elle et me fixa pendant de longues minutes. Elle ne me quitta pas des yeux, mais ne me dit pas un traître mot. Je devins impatiente et le lui fis savoir.

– Cout-donc! Est-ce que je suis venue icitte pour me faire niaiser, moé?

Surprise, elle sourit simplement. Puis, elle entreprit de me faire dessiner. Je devais illustrer un homme et une femme. Pour cette dernière, je noircis ma feuille en dessinant une personne aux caractéristiques féminines, avec des cheveux longs et une jupe ou une robe. Lorsque vint le temps de profiler un homme, je le fis les cheveux courts, en pantalon et avec... un pénis! On en conclut rapidement qu'il était anormal que je dessine des hommes inévitablement avec leur pénis. Ceci laissait croire qu'on avait abusé de moi, ou du moins que le pénis d'un homme m'avait marquée suffisamment pour que l'image du phallus soit systématiquement liée à celle de l'homme. Tous les examens semblaient donc tendre vers la même conclusion : j'avais effectivement été victime d'abus sexuels.

Ma mère avait les émotions à fleur de peau. Elle en voulait terriblement à Georges Racine et était prête à se rendre à Sainte-Julienne pour lui régler son cas, lui montrer qu'on ne touche pas à des enfants innocents. Il était clair qu'elle croyait le récit incroyable que je lui fis.

Quelques jours plus tard, Frédéric vint à la maison. Je m'étais de nouveau absentée de l'école pour sa visite. Ce matin d'hiver, il arrivait avec la conclusion finale des examens qu'on m'avait fait subir. Sa conclusion était pour le moins surprenante: j'avais subi des agressions fictives, dans ma tête. En fait, il avançait l'hypothèse que j'avais fabulé et que mes prétentions étaient fausses. Je m'étais inventé des scénarios et je les avais répétés à ma mère, à Gilles, au médecin, à la psychologue ainsi qu'à lui-même. Il affirmait à ma mère qu'on m'avait fait manquer l'école pour rien, puisque aucun abus sexuel n'avait réellement eu lieu.

Encore aujourd'hui, j'ignore pourquoi Frédéric en était arrivé à cette conclusion qui ne tenait pas debout, surtout avec les rapports du médecin et de la psychologue en main. Tant les examens physique que psychologique étaient clairs et en arrivaient aux mêmes conclusions. Comment Frédéric pouvait-il, arbitrairement, en déduire un tel résultat?

Peut-être voulait-il éviter d'affronter tous les problèmes qui découleraient inévitablement de la dénonciation d'une famille d'accueil? Avait-il pu me faire cela uniquement pour s'éviter des tracas? Peu importe, ma mère le crut et avala son baratin sans poser de question. J'ignore aussi pourquoi. Pourquoi, en sachant les résultats des examens qu'on m'avait fait subir, crut-elle Frédéric les yeux fermés? Elle préférait croire un inconnu plutôt que sa propre fille! Elle niait l'évidence. Aurait-elle craint à son tour de s'engager dans des démarches judiciaires? Je l'ignore. Chose certaine, à partir de cet instant, personne ne me crut plus et c'est moi qui passai pour la méchante, la petite menteuse qui raconte des sottises pour se rendre intéressante.

Après le départ de Frédéric, j'eus droit à de sévères remontrances. Ma mère me questionna sans relâche pour connaître la raison qui m'avait poussée à raconter de telles faussetés. Elle m'intima l'ordre de tout oublier de cette histoire, et sur-le-champ! Ma mère n'en revenait pas que j'aie pu lui faire ça, à elle. Je l'avais terriblement déçue.

– Pourquoi tu me fais ça, ma maudite salope? T'es rien qu'une chienne, une putain! J'aurais jamais dû te mettre au monde!

Après ce jour, je ne parlai plus de ces agressions de Sainte-Julienne à quiconque et ce, durant les quinze années suivantes. Je me refermai sur moi-même. Je devins fermée à tout le monde, d'ailleurs. À qui pouvais-je en parler si même ma propre mère ne me croyait pas? À partir de cet instant, je perdis confiance dans les adultes. Je me méfiai de tous et je mis bien du temps à me sentir en confiance avec quelqu'un. Je devins une boule hermétique, très difficile à percer. Dès lors, je portai un masque, puisque je ne pouvais plus être vraiment la Nathalie que j'étais vraiment. On me forçait à devenir une autre, celle qu'on voulait que je sois, en me forçant à nier les abus que j'avais subis. Je devais mettre de côté mes souffrances puisque, selon eux, elles n'existaient pas. J'empruntai alors un chemin qui n'était pas le mien.

Ma mère eut beaucoup de peine de tout ça. Pour ma part, j'étais incapable de voir ma mère souffrir ou pleurer. Je me sentais terriblement coupable de tout ce qui pouvait la chagriner. Quoi qu'il arrive, lorsque ma mère était tourmentée, je me portais volontaire pour l'aider, me ranger de son côté. J'avais si mal de la sentir affligée à cause de mon «faux» récit que j'allai même jusqu'à m'excuser auprès d'elle d'avoir inventé toute cette histoire d'abus sexuels, uniquement pour mettre un peu de baume sur ses plaies morales.

Sans le savoir, en faisant l'autruche comme il l'avait fait, Frédéric avait brisé un lien de confiance très important qui existait entre ma mère et moi. Il étouffa dans l'œuf cette relation que j'étais en train d'établir avec elle. Nos rapports ne furent plus jamais les mêmes par la suite. Ma mère demeura sur la défensive face à moi, méfiante. Elle hésitait à me faire confiance. Je crois que c'est alors qu'elle se mit à me détester. Rien de moins.

## Lettres à ma mère

C'est dans cette même période que je commençai à me masturber. À huit ans. Le matin ou le soir, seule dans mon lit, je jouais avec mon clitoris et me procurais de petits plaisirs intimes. À cet âge, je crois que c'était inconscient, ou plutôt instinctif. J'ignorais même pourquoi je faisais ça, mais j'étais incapable de m'en empêcher. Je me sentais coupable de me masturber.

Coupable d'avoir du plaisir en stimulant ce clitoris qui servait aussi à procurer du plaisir à Georges Racine. J'avais l'impression d'être vicieuse et sale, mais j'appréciais les bienfaits de ces petits plaisirs solitaires.

Honnête comme je l'étais, je n'avais pas envie de me cacher pour le faire. J'avais besoin de savoir si ce que je faisais était bien ou mal. Je choisis donc d'en parler avec ma mère. Je souhaitai savoir si j'étais normale et si elle faisait la même chose. Sans m'avouer qu'elle se masturbait, elle me dit que c'était une activité naturelle. Nous avions alors convenu d'une façon de procéder, elle et moi. Comme je ne voulais pas lui cacher mes activités sexuelles solitaires mais que j'étais trop timide pour lui en parler, elle me dit de lui écrire une lettre chaque fois que ça m'arrivait. Ainsi, le matin, avant de sortir de ma chambre, si j'avais joué avec mon clitoris, j'écrivais une courte lettre à ma mère, lettre que je déposais discrètement sur le coin de la table de la cuisine, avant de partir pour l'école. De cette façon, elle savait sans que j'aie à lui en parler de vive voix. Jamais elle ne me reparla de ces lettres. Une fois écrites, je pouvais oublier ces histoires.

Je percevais, par ce comportement de ma mère, un mince filet de compréhension de sa part. Peut-être que cette ouverture inattendue me permit de me déculpabiliser face à la masturbation, face à la sexualité et face aux plaisirs qui en découlaient.

## La haine

J'étais la seule que ma mère frappait. Je me demandai toujours pourquoi sans jamais avoir de réponse claire à ma question. Je crois que c'est parce qu'elle était jalouse de moi. Jalouse d'abord parce que j'étais jolie. Comme je n'avais pas le même père que mes sœurs, je n'avais pas la même physionomie qu'elles. Mes sœurs étaient rondelettes et avaient un postérieur imposant. Moi, j'avais un physique mince et un teint hâlé en permanence. Je crois que ma mère aurait souhaité posséder certaines de mes caractéristiques physiques, ce qui la rendait en quelque sorte jalouse.

Jalouse aussi parce que je savais prendre ma place. Jalouse parce que je chantais bien. Bizarrement tous, sauf ma mère et les membres de sa famille, m'adoraient. J'avais un charisme inexpliqué qui fit en sorte que j'avais de la facilité à être aimée, partout où je passais. Mais ma mère, ses frères et ses sœurs me détestaient systématiquement. Je mis toujours cela sur le compte de la jalousie.

Dès que je ressentais un peu de bonheur, ma mère se faisait un plaisir de me brimer. Quand elle savait que j'aimais quelque chose, elle m'en privait. Elle avait le don de m'interdire mes activités favorites, mes meilleures amies ou mes jeux préférés. Tout était devenu un prétexte à une quelconque restriction. On aurait juré qu'elle prenait un malin plaisir à me faire du tort, à me rendre malheureuse dès qu'un peu de bonheur commençait à faire scintiller mes yeux. À mon grand malheur, c'était comme ça et je devais vivre avec cet impondérable.

C'est à coups de poing que ma mère me battait souvent. Je me jetais par terre pour parer les coups et ainsi me défendre. Mais rien ne l'arrêtait et elle poursuivait sa raclée à coups de pied! Si l'école l'avait appelée pour lui faire part d'un mauvais comportement ou encore d'un mauvais résultat scolaire, ma mère m'attendait sur le pas de la porte pour me donner une raclée. Mais il y avait pire: il arriva fréquemment qu'elle vienne me chercher à l'école, qu'elle me dispute ou me frappe devant mes amies, et qu'elle me ramène à la maison en me tirant par les cheveux! Quelle humiliation!

Un jour qu'elle me surprit de nouveau à fumer, elle me poivra comme il faut. Après m'avoir injuriée et frappée, elle me lança un couteau à la tête. Je fus chanceuse de l'esquiver. Il termina son vol en s'enfonçant dans la porte de la salle de bains. Elle accompagna aussi sa rage de propos très vulgaires.

– Je t'haïs, mon hostie de chienne. Je n'aurais jamais dû te mettre au monde!

Mes oncles et mes tantes semblaient me haïr eux aussi. Ils répétaient à ma mère que je terminerais ma vie avec une seringue dans le bras, *junkie,* avec des proxénètes à mes trousses. Je me jurai bien de tout faire pour les faire mentir, pour leur prouver qu'ils avaient tort.

C'est un peu de cette façon que je vécus cette période de ma vie. Mon oncle Gilles savait que j'étais victime de violence, mais laissait ma mère m'éduquer à sa façon. Il n'approuvait pas nécessairement ce qu'elle faisait, mais il n'osait pas s'en mêler davantage. Il se rachetait cependant en étant très gentil avec moi et en me donnant tout l'amour qu'il pouvait m'offrir. Son amie Lucie et lui me gâtaient. C'était leur façon de combler ce manque d'amour maternel dont je souffrais énormément.

CHAPITRE 7

# Une adolescente révoltée

À l'aube de mon adolescence, quelques changements d'importance s'étaient produits. D'abord Gilles avait quitté son appartement et vivait ailleurs avec sa fiancée. Nous aussi, nous avions déménagé. Nous occupions un appartement plus vaste, toujours à Contrecoeur, et celui sous le nôtre était habité par de nouveaux locataires. Des locataires bien particuliers. Celui que je croyais toujours être mon père, Robert, vivait désormais avec ma tante Rollande! Celle-là même qui m'avait tant maltraitée quelques années plus tôt. Mes deux cousines, Chantal et Carole, étaient donc mes voisines.

Je commençais à devenir indépendante comme toute jeune fille le devient à l'adolescence. De voir Robert et Rollande ensemble ne me perturbait guère. Ce qui me dérangeait, c'était de voir combien Robert s'occupait de mes cousines, combien il les gâtait, elles qui n'étaient pas ses enfants, alors qu'il avait tant de difficulté à nous saluer, mes sœurs et moi, lorsqu'il nous croisait dans l'escalier. C'était ni plus ni moins qu'un manque de respect à notre égard. Mais qui étais-je pour protester puisque ma propre mère ne disait rien. Pire! Elle fraternisait avec eux et passait de longues soirées à discuter et à écouter de la musique en leur compagnie.

Puis, ma mère commença à fréquenter Léo. C'était un homme que j'aimais bien. Il était alcoolique, lui aussi, mais un alcoolique calme et discret. Contrairement aux autres *chums* que ma mère eut, Léo était pacifique, même en état d'ébriété. Éméché par l'alcool, il n'était nullement violent. Même qu'il était plutôt du genre à roupiller! C'était un vrai «Teddy Bear». Grand, les cheveux bruns et frisés, il travaillait comme sableur de planchers. Ironie du sort, il faisait le même boulot que Robert! Il demeurait à Montréal et nous allions le voir régulièrement, les fins de semaine. Il avait six enfants, qui lui rendaient visite eux aussi les week-ends. Résultat: son appartement devenait aussi achalandé qu'un centre commercial, ce qui me plaisait bien, je l'avoue. Parmi tous ces gens, mes faits et gestes passaient inaperçus!

J'aimais beaucoup ces fins de semaine à Montréal, là où l'action se trouvait. Rien à voir avec Contrecoeur. Il y avait notamment ces endroits où je pouvais aller danser, écouter de la musique tout en fréquentant des jeunes de mon âge. Mais surtout, c'était une façon de fuir l'emprise machiavélique de ma mère. Lorsqu'elle était au bras de Léo, au moins, elle me laissait un peu respirer.

Cela me permettait de fréquenter deux endroits en particulier, le Projet 80 et le Centre-sud. Pour ce faire, je me devais d'être sage toute la semaine à la maison, puisque ma mère se serait fait un plaisir de m'interdire ces soirées du vendredi, où la danse et la musique étaient reines. C'était beaucoup mieux que de danser seule dans ma chambre à coucher, à faire du *lipsinc* sur des chansons populaires, tout en me démenant devant mon miroir. Les endroits que je fréquentais organisaient des concours de chant et de danse. J'y participais, évidemment.

C'était une période où je ne voulais rien savoir des garçons. Ils ne m'intéressaient tout simplement pas. Mon apparence ne me préoccupait guère non plus. De toute façon, ma mère me répétait sans arrêt que j'étais laide et que j'avais des jambes comme des ballons de football. Je la croyais et ne pouvais concevoir qu'un garçon puisse s'intéresser à moi. J'avais les cheveux courts et portais fréquemment des pantalons de coton ouaté. Je préférais me concentrer sur la musique et la danse, plutôt que de m'encombrer d'un garçon qui me réclamerait des comptes. J'étais trop occupée à autre chose de plus amusant.

Je trouvai dans la danse une façon de m'évader, de lâcher mon fou. Je voulus me dépasser, être la meilleure, celle que l'on applaudirait au terme d'un concours. J'étais tellement écrasée à la maison, avec une mère qui se plaisait à anéantir le peu de confiance en moi que je pouvais acquérir, que lorsque j'étais ailleurs, j'en profitais pour me libérer, pour me laisser aller.

De plus en plus, je ne vivais que pour ces soirées de danse du vendredi et du samedi, ainsi que les samedis après-midi où j'allais jouer au Mississippi au Projet 80. Seuls mes talents artistiques et sportifs se développaient. Mon caractère changeait aussi. Je devenais de plus en plus rebelle. J'étais un peu plus précoce que les autres filles de mon âge, comme je l'avais toujours été depuis les tout débuts. Je ne m'en laissais imposer par personne.

Mes seins se formaient et ma mère le remarqua. Dès qu'elle avait une chance de me le faire remarquer devant les autres, elle ne la manquait pas. Elle m'humiliait en m'appelant «les bourgeons» devant des visiteurs ou devant Léo. La période de l'adolescence est déjà assez difficile pour une jeune fille qui se cherche une identité, ma mère n'avait pas à en rajouter. Mais puisque m'humilier faisait partie de ses passe-temps favoris, elle ne ratait pas une occasion de le faire.

Puis, ma mère emménagea finalement avec Léo, à Montréal. Pour moi, cela signifiait un rapprochement du milieu dans lequel je me sentais bien, le milieu montréalais. C'était mon monde, celui dont je rêvais toute la semaine. Avec ce déménagement, j'allais le côtoyer à longueur de semaine. Fréquenter une école de Montréal m'attirait aussi énormément.

À l'école, j'imposais mes règles et gare à ceux ou à celles qui osaient me contrarier. Comme j'étais sous l'emprise d'une main de fer à la maison, à l'école c'était tout le contraire. J'en étais même devenue violente. Je me bagarrais régulièrement avec d'autres filles qui n'étaient pas de mon avis. Si une nouvelle élève me tenait tête, je lui faisais savoir qui j'étais et lui faisais comprendre qu'elle ne devait pas tenter de me contredire. Si elle ne comprenait pas, je lui donnais une raclée.

Le pauvre Léo, pourtant très doux de nature, goûta lui aussi à ma médecine. Un jour, après que j'eus refusé d'aller me coucher lorsqu'il me le demanda, il se fâcha et me lança un grattoir à peinture à la tête. Je réussis à l'esquiver. Ce fut cependant assez pour me rendre violente à mon tour: j'empoignai une chaise de cuisine et la lui lançai. Assis dans un fauteuil du salon, il ne put l'éviter. Avec le recul, je comprends que le malheureux n'avait pourtant pas à subir cet excès de colère, puisque je n'avais qu'à lui obéir, tout simplement!

## Le microscope

À l'école, je prenais part aux activités sportives organisées sur l'heure du dîner ou le soir, aux olympiades scolaires ainsi qu'aux divers concours de danse ou de chant. C'étaient là mes seules motivations à fréquenter l'école.

Le cours de chimie m'intéressait aussi, mais uniquement lorsqu'on avait un travail pratique à réaliser. Ce fut durant l'un de ces cours que j'administrai une sévère correction à une élève qui refusait de m'écouter et qui me tenait tête.

Tout commença alors que je scrutais le résultat d'un travail au microscope. Une jeune fille de la classe se plaça entre la lumière et moi, de sorte que je ne voyais plus rien dans ma lentille. Je l'avertis une première fois, afin qu'elle se déplace de quelques pouces. Elle demeura indifférente à ma demande. Le sang commença à bouillir dans mes veines, puisque je n'étais pas habituée à de telles réponses négatives. Je l'avertis une seconde fois.

– Tasse-toé, sinon c'est moé qui vas te tasser!

Elle n'obtempéra toujours pas. Au troisième avertissement, elle choisit de me défier.

– Envoye donc!

Je suis convaincue qu'elle regrette encore aujourd'hui d'avoir prononcé ces mots. Je vis rouge. Je fus incapable de me contrôler. Mon cousin Fernand, que nous appelions tous «Bouboule», un dur de dur, m'avait appris plusieurs trucs pour éviter de perdre une bagarre. Je mis donc ces stratégies en pratique : je la pris par ses vêtements, la décollai du sol pour la projeter à bout de bras à travers le classe. Elle plana au-dessus d'un bureau pour atterrir au sol. Courbaturée, elle eut peine à se relever. Les autres élèves étaient éberlués. Ils n'en revinrent pas de voir que j'avais mis mes menaces à exécution avec autant de violence.

Je m'approchai ensuite de mon adversaire et continuai à la «bûcher» à coups de poing, comme si cela n'était pas suffisant. Dès qu'il eut conscience de ce qui se passait, le professeur se rua sur moi pour me calmer. Rapidement, je me retrouvai chez le directeur, qui me servit un sérieux avertissement. Il fit aussi entrer ma victime dans son bureau afin que je lui fasse des excuses, ce que je fis, à contrecœur et certes pas avec sincérité.

## Le restaurant Capri

J'avais pris l'habitude de fréquenter le restaurant Capri, un «Délicatessen» situé à l'angle des rues Rosemont et de Lorimier. J'allais régulièrement y manger des patates frites ou encore remplir un petit creux qui me tenaillait avant d'aller me coucher, à la fin d'une soirée de danse. Pourquoi là? C'est simple : un beau garçon y travaillait! Louis accusait à peine quelques années de plus que moi. Il était beau, avec ses cheveux noirs, ses yeux gris et sa charpente athlétique. Son père possédait le restaurant et Louis y travaillait pour gagner de l'argent de poche. Ils étaient grecs et respectaient des principes bien définis et stricts.

Louis m'attirait, ce qui explique ma présence fréquente au restaurant Capri. Je n'avais que treize ans lorsque je rencontrai Louis pour la première fois. Et je crois que je ne le laissais pas indifférent non plus. Nous sommes devenus de très bons amis. Évidemment, au début, je souhaitais que cette amitié devienne plus intime. Plus les mois passaient, plus cette amitié prenait de l'importance à mes yeux et moins je me voyais entretenir une relation amoureuse avec Louis. En fait, je ne souhaitais plus prendre le risque d'anéantir cette relation amicale si solide en entreprenant une relation amoureuse avec lui. La mise était trop grande: si je perdais, j'allais perdre un amoureux et un bon ami! Je préférai garder l'ami et oublier l'amoureux, plutôt que de risquer de tout perdre. Et je crois que ce choix était partagé par le principal intéressé.

Louis et moi, nous nous disions tout. Il était mon confident, mon oreille, mon psychologue. Il me remontait le moral, m'encourageait et me donnait l'énergie nécessaire pour continuer à vivre. Il savait dans quel type de famille je vivais et il en était bien désolé pour moi. Ainsi, chaque samedi soir, et ce, durant plusieurs années, je soupais avec lui au restaurant Capri, et nous nous confiions tous nos petits secrets. Nous avions convenu que si un jour j'avais un amoureux, ou lui une amoureuse, ils devraient accepter notre amitié et nos repas du samedi.

## Des joints autour du feu

Durant l'été de mes 13 ans, je participai à une sortie de fin de semaine organisée par l'école, au camping d'Oka, avec un groupe de jeunes de mon âge. Ce fut pour moi un autre moment d'évasion. Il ne fut pas trop difficile de convaincre ma mère de m'y laisser aller, puisque les filles de Léo, Nathalie et Chantal, y allaient elles aussi. Ma mère aurait été bien mal à l'aise de faire le contraire de Léo, et elle me permit d'y aller. Je pus ainsi fuir la maison et son climat malsain. Il me fut ainsi possible d'avoir du plaisir avec mes amies pendant trois jours de suite, sans que ma mère ne vienne contrecarrer ce projet stimulant.

Je remarquai que certains jeunes fumaient des joints de marijuana, à l'abri des regards des moniteurs. Bien entendu, ces derniers ne pouvaient être partout à la fois et n'étaient pas en mesure de nous suivre tous à la trace. Je regardais ces jeunes de mon âge fumer ces petites cigarettes et avoir beaucoup de plaisir. Ils rigolaient et semblaient aimer l'effet procuré par ce stupéfiant. Moi, je fumais depuis déjà quelques années et je ne voyais pas ce qu'il pouvait y avoir de plus grave à fumer des joints que des cigarettes.

Assise autour du feu, le soir venu, je me risquai à accepter l'offre d'une amie qui semblait avoir l'habitude de ces joints. Je ne devais toutefois en aucun cas me faire prendre, puisque j'imaginais la tempête que cela provoquerait à la maison. C'est pour cette raison que j'approchai Nathalie, la fille de Léo, pour m'assurer de sa complicité. Avec Nathalie, je me sentais bien et j'avais confiance en elle. Elle m'assura d'ailleurs qu'elle n'en soufflerait pas un mot à ma mère.

Je saisis donc un premier joint entre mes doigts pour le porter à ma bouche et inspirer une première bouffée. Je remarquai que c'était plus fort que la cigarette, mais pour le reste, c'était très similaire. Lorsque l'effet se fit sentir, quelques minutes plus tard, je remarquai que j'aimais ça. Avec mes copains, je riais à propos de tout et de rien. J'aimais bien l'effet que ça me procurait, c'est-à-dire de me propulser dans un autre monde. Ma tête tournait et j'avais faim. Je mangeais des croustilles et des guimauves grillées sur le feu en quantité industrielle. J'appris par la suite qu'on appelait ça un «trip de bouffe», un effet secondaire de la marijuana. La compréhension de Nathalie me rassura tellement que je fumai à deux autres reprises au cours de notre séjour au camping.

De retour à la maison, le dimanche après-midi, je pris place au salon avec un verre de boisson gazeuse. Nathalie et moi, nous parlions de ce week-end et en racontions les faits saillants à ma mère. Sans y penser une seule seconde, Nathalie vendit en partie la mèche.

– Il y avait des gangs qui fumaient des joints autour du feu...

J'avalai ma gorgée de travers. Ma gorge devint soudainement serrée. Je me sentis transpirer des pieds à la tête. En jetant un coup d'œil discret vers Nathalie, je constatai qu'elle s'était échappée involontairement. Ma mère, me connaissant très bien, se retourna vers moi en me questionnant.

– T'en as fumé, hein?

– Moi? Non...

– Dis-moi la vérité, maudite menteuse!

Je posai mon verre au sol en la regardant d'un air insouciant.

– Bien oui, pis?

Ce n'est pas tant le fait que j'avais fumé de la marijuana qui mit le feu aux poudres. Ni même le fait que je le niai ou que je l'avouai ensuite. C'était le fameux « pis » que j'avais ajouté à la fin de ma phrase. Ce petit mot de trois lettres laissait entendre que ce que ma mère pensait n'était pas important, bref, que je me fichais pas mal de son autorité. Et ça, elle ne l'accepta pas du tout.

Pendant cinq minutes, j'eus l'impression que nous demeurions dans un appartement de douze pièces et demie, tant elle me fit tourner d'un sens, puis de l'autre, en m'administrant une de ces solides raclées. Une autre. Elle me frappa à coups de poing sur la tête, elle me tira les cheveux en me criant des bêtises. Ma mère était très vulgaire dans ces moments de grande révolte. Elle refusait qu'une autre ait le dernier mot. Un peu comme moi à l'école...

## Mon premier amour

L'un des assistants de Léo, dans son entreprise de sablage de planchers, se nommait Daniel. C'était aussi le grand ami de Sylvain, l'un des fils de Léo. Daniel avait 18 ans et semblait mener une belle vie. Il ne fréquentait plus l'école et travaillait sur une base régulière, ce qui lui rapportait pas mal d'argent pour un garçon de son âge. Daniel passait régulièrement à la maison pour voir Léo. Je le trouvais bien à mon goût, puisqu'il était beau. Et je me rendis bien compte que je ne le laissais guère indifférent. Il ne cessait de me regarder et me faisait de jolis sourires. Bien que je n'eusse que 13 ans, j'en paraissais 17, et j'étais mûre aussi. Du moins, plus que les autres filles de mon âge.

Ce beau garçon me fit changer d'avis. Les jeunes gens m'attiraient de plus en plus. Nous avons commencé à nous voir lorsque nous pouvions être seuls. Puis, nous nous sommes avoué notre amour l'un pour l'autre. C'est aussi à ce moment-là que j'ai donné mon premier baiser à un garçon. Ma mère était absente de la maison, alors que Daniel et moi étions assis dans l'escalier extérieur. Il faisait beau et Daniel me tenait la main. Nous étions comme deux tourtereaux. Nous nous sommes approchés l'un de l'autre et nous nous sommes donné un baiser sur la bouche. Le contact de nos langues entremêlées me fit un drôle d'effet, que je ne détestai toutefois pas. Mais tout devait demeurer secret, parce que je ne voulais pour rien au monde risquer que ma mère ne vienne mettre un terme à ma première lune de miel avec un garçon. Je me sentais si bien dans les bras protecteurs de Daniel.

Bien qu'il n'ait été qu'une amourette de jeunesse, Daniel représenta quelqu'un de très important dans ma vie. Il fut la première personne à m'apprécier pour ce que j'étais. Il m'aimait, moi. Alors que la plupart des membres de ma famille et de celle de ma mère me détestaient, un garçon m'aimait. Il aimait ma compagnie et recherchait ma présence. Il appréciait mes farces, endurait mes accès de mauvaise humeur et acceptait que nous nous fréquentions en cachette. Pour la première fois, je me sentais importante. Jamais on ne m'avait aimée et estimée autant. Je me sentais enfin quelqu'un. C'était un sentiment grisant.

Il arrivait à Daniel d'arrêter à la maison avec Léo, au cours de sa journée de travail, pour une raison ou une autre. Il avait toujours une petite attention pour moi. Il m'apportait une boisson gazeuse ou encore un petit gâteau.

Après quelques mois de fréquentations clandestines, Daniel s'exaspéra de devoir sans cesse se cacher pour me voir. Moi, je ne voulais pour rien au monde que ma mère soit mise au courant de cette escapade amoureuse, puisqu'elle était jalouse de tout ce qui m'arrivait de bien. J'étais convaincue qu'elle m'interdirait de revoir Daniel. Mais ce dernier décida d'en finir et prit la résolution d'aller parler de tout ça avec ma mère, lui et elle, en tête-à-tête. Il lui dit carrément qu'il m'aimait et qu'il souhaitait me fréquenter. Après une très longue discussion, il eut raison de ses réticences et elle accepta sa proposition. Heureusement, elle le connaissait et avait confiance en lui. Ma mère m'avait cependant servi un sévère avertissement. Court, mais il en disait long...

– T'as besoin de ne pas me décevoir!

**La fugue**

J'avais environ quinze ans. Ma mère était constamment sur mon dos. Elle me guettait sans cesse et relevait tout ce que je faisais de mal. Je n'étais plus capable de supporter cette vie misérable que je menais. Je devins de plus en plus révoltée et cette révolte, que je ne pouvais faire sortir à la maison, éclatait à l'école et avec mes amis. J'étais devenue impossible à vivre. Je me sentais autrement que les autres. Je n'en pouvais plus d'être le souffre-douleur de ma mère.

Je pris alors la décision de lui faire cesser son emprise sur moi. Pour ce faire, je choisis de fuguer. Je souhaitai être placée en foyer ou en famille d'accueil. N'importe où, sauf chez ma mère. Je pris donc une entente avec une amie et la mère de celle-ci pour qu'elles m'accueillent chez elles après l'école. La mère de cette amie savait que je n'avais aucune liberté chez moi et trouva cette situation épouvantable. Cette femme épousa donc ma cause et il fut convenu que je me rendrais chez elle après la classe.

Cette femme avisa la DPJ, qui vint me chercher le soir même, afin de me conduire dans une maison où je pus passer la nuit. On mit ma mère au fait de la situation et j'eus très peur de sa réaction, surtout lorsqu'on me rapporta qu'elle était dans tous ses états. Mais elle ne pouvait rien contre moi là où j'étais. De plus, ce qui était fait, était fait: impossible de revenir en arrière. Je devais assumer les conséquences de mes gestes. Je me sentis coupable d'avoir fait de la peine à ma mère, mais à la fois fière de m'être enfin sortie de ce bourbier.

Le lendemain, je rencontrai une travailleuse sociale. Enfin, quelqu'un en autorité allait entendre mes doléances et m'écouter. Mais je dus vite déchanter. Elle me fit comprendre que je devais retourner à la maison, que je ne pouvais fuir la maison de cette façon. De toute évidence, elle prit parti pour ma mère. Je ne pouvais le croire. C'est comme si j'étais dans un mauvais rêve. Finalement, je dus effectivement retourner chez ma mère. J'appréhendais énormément sa réaction à mon retour. Elle allait sûrement me faire regretter cet affront pour le restant de mes jours.

Inutile de dire que l'atmosphère était de glace à mon retour à la maison. Je n'eus aucune conversation avec ma mère. Si elle était fâchée de ce que je lui avais fait, c'est qu'elle n'avait pas pu exercer son autorité sur moi cette fois, bien que je sois finalement de retour. Je «pris mon trou» sans rechigner. Mais je me refermai davantage sur moi-même. Je crois qu'elle comprit toutefois que j'en avais assez de ce qu'elle me faisait subir. Pendant les quelques jours qui suivirent, ma mère me laissa un peu tranquille. Mais peu de temps après, elle reprit ses mauvaises habitudes.

## L'aspirine

C'est probablement ce qui motiva ma première tentative d'en finir avec cette vie pitoyable que je menais. La DPJ refusait de s'occuper de moi et je me retrouvais encore en pâture à une mère sans pitié qui me rendait la vie difficile. Je décidai donc de mourir. Ce n'est pas que je ne voulais plus vivre, mais plutôt que je refusais de souffrir davantage. Je préférais mourir plutôt que de poursuivre cette vie de mal-aimée. Je n'arrivais pas à comprendre pourquoi on ne m'aimait pas, pourquoi ma mère était sans cesse sur mon dos. Je ne demandais pourtant qu'à vivre et à être heureuse. J'avais simplement besoin d'un peu d'amour. Mais, au contraire, on ne respectait pas mes opinions, mes goûts, mes choix. On ne me respectait pas.

Alors que ma mère était couchée et dormait à poings fermés, je me levai en catimini et me dirigeai sur la pointe des pieds vers la salle de bains. J'avais choisi de mourir et j'étais bien décidée à me suicider. Pour éviter toute douleur, j'imaginai qu'il valait mieux pour moi périr durant mon sommeil. Je saisis une bouteille d'aspirines que j'avalai en entier avant de m'allonger dans mon lit. J'étais convaincue que jamais je ne me réveillerais. Ce soir-là, je m'endormis en pleurant, croyant bien que tout était terminé...

Le lendemain matin j'eus la surprise de ma vie. J'étais toujours vivante! Et je ne ressentais même pas un seul petit effet secondaire, malgré ce tas de pilules que j'avais ingurgité la veille. Je n'y comprenais plus rien. À son tour, la mort ne voulait pas de moi.

Peu de temps après, je fis une seconde fugue. Comme la première fois, je me rendis à l'école avec la ferme intention de ne pas revenir à la maison après la classe. Mais cette fois, je me rendis directement aux bureaux du Directeur de la protection de la jeunesse. À la réception, je demandai directement l'aide dont j'avais besoin.

–Vous êtes là pour protéger la jeunesse? Alors protégez-la!

Je passai la soirée et la nuit sur place, dans l'attente qu'un travailleur social prenne mon dossier en charge, le lendemain matin. On me fit de nouveau comprendre que je n'étais pas en droit de quitter mon domicile de cette façon. J'eus beau crier que je n'étais pas heureuse, il n'y avait rien à faire: je dus rentrer à la maison!

C'est ma mère qui vint me chercher cette fois. J'appréhendais beaucoup cette rencontre avec elle. Dès son arrivée, je constatai qu'elle n'était pas bien du tout. Elle n'avait pas d'attitude violente et ne semblait pas vouloir me punir. Elle était plutôt attristée. Mes fugues lui demeuraient incompréhensibles. Elle croyait que je fuyais uniquement pour lui faire de la peine. Elle ne comprenait pas du tout que je souffrais.

À la maison, ma sœur Linda se mit de la partie. Elle pensait exactement de la même façon que ma mère et ne comprenait pas mon désarroi.

– Tu aimes ça faire du mal à maman, hein?

Je commençais à vouloir me venger. Je souhaitais que quelqu'un paye pour tous mes malheurs. Ma mère, ma sœur, tante Nicole, tante Rollande, Frédéric. Et Georges Racine. Pour la première fois depuis mes abus sexuels, l'idée d'une revanche envers cet homme me venait à l'esprit. Mais comment pouvais-je bien m'y prendre pour le faire payer?

## Ma première baise

C'est dans cette période que je demandai à ma mère de me procurer la pilule contraceptive.

– Si tu veux la pilule, c'est que tu veux avoir des relations sexuelles! T'es trop jeune pour ça!

– Je ne veux pas nécessairement en avoir, mais si jamais ça devait arriver, au moins je ne tomberai pas enceinte!

La logique de mon argument la convainquit d'accéder à ma demande. Elle me prit un rendez-vous chez un gynécologue et m'y accompagna même. Je me retrouvai donc protégée contre les grossesses, dans l'éventualité d'une liaison sexuelle.

J'avais balancé mon copain Daniel après un an de fréquentations. Mon premier ami de cœur sérieux s'appelait Mario. Je l'avais rencontré lors d'une soirée dansante au Centre culturel du Plateau, sur le boulevard Saint-Joseph, un endroit que je fréquentais désormais avec assiduité. Il était un champion danseur et aimait la musique plus que tout. Lui et moi formions une équipe du tonnerre. Il était mon aîné de trois ans.

Je ne peux pas dire que c'était le plus beau gars de la ville, mais il avait un charme indéniable qui faisait de lui un garçon irrésistible à mes yeux. De plus, il dansait si bien, que beaucoup de filles passaient de longues minutes à le regarder. J'avais la chance de l'avoir pour moi toute seule. C'était un garçon galant et physiquement bien bâti. Gros, grand et musclé, je me sentais en sécurité quand il me serrait dans ses bras. Ses parents m'aimaient bien aussi. J'appréciai cette période de ma vie où j'étais avec lui, puisque nous faisions ce que j'aimais, c'est-à-dire danser. La musique et la danse étaient au cœur de nos vies.

Bien entendu, ma mère ne l'aimait pas. Aimer Mario aurait signifié me faire plaisir, alors pas question d'aimer Mario! Elle lui trouvait toutes sortes de défauts: il était laid, il arborait des tatouages et le comble, il était roux!

C'est durant cette période de fréquentations que je pris conscience de ma féminité. Je découvris que j'avais des formes qui pouvaient intéresser les garçons. Je troquai alors mes pantalons de jogging pour des vêtements plus féminins. Mario fut le premier à me dire que j'avais de belles jambes. J'avais peine à le croire, ma mère m'ayant toujours répété que j'avais les jambes comme des ballons de football.

– Pourquoi tu ne montres jamais tes jambes, Nathalie? Tu as de si belles jambes...

Lorsque mes amies me parlaient de leur première relation sexuelle, elles en parlaient de façon très positive. La plupart d'entre elles avaient apprécié ce premier moment intime où elles avaient perdu leur virginité. Cet épisode les obsédait, comme si leur vie ne tournait qu'autour de cette première baise. Moi, c'était bien différent. Ma vie, c'était la musique et la danse. Je savais que les relations sexuelles faisaient partie de la vie, mais c'est tout. Je les voyais comme une fatalité, quelque chose qui devait arriver et contre quoi je ne pouvais rien. Je ne me cassais pas vraiment la tête avec ça. D'un autre côté, je les enviais de ne pouvoir penser qu'à leurs relations sexuelles, sans avoir à traîner un bagage d'abus derrière elles. J'avais peur de revoir les fantômes des agressions que m'avait fait subir Georges Racine.

Rapidement, Mario commença à me caresser le corps et à espérer des expériences sexuelles avec moi, ce qui n'avait pas été le cas avec Daniel. Mais avec Mario, je ressentais beaucoup plus de pression du fait que plusieurs jeunes filles souhaitaient lui mettre le grappin dessus. C'est moi qui l'avais et j'avais bien l'intention de le garder. Ainsi, lorsque Mario voulut avoir des relations sexuelles avec moi, je me sentis forcée d'accepter, par crainte qu'il se retourne vers une autre jolie fille moins réticente.

Mais les abus sexuels subis dans ma jeunesse par Georges Racine me revenaient constamment à l'esprit. Je voyais venir le moment de ma première relation sexuelle avec beaucoup d'inquiétude. En clair, je n'avais pas le goût du tout de cette première relation, mais je m'étais résignée à l'avoir tout de même, afin de conserver Mario à mes côtés.

Il ignorait les raisons de cette réticence démesurée qui se manifestait fréquemment au moment où il me caressait les seins ou les cuisses. Il ne disait rien et me respectait. Mais je me doutais bien que je ne pourrais le faire patienter de la sorte pendant deux ans.

Ce n'est qu'au moment de passer à l'acte pour la première fois que je fis part à Mario du fait que j'avais été agressée sexuellement dans ma jeunesse et que, pour cette raison, je craignais un peu une relation avec lui. Il se fit compréhensif et me rassura en disant qu'il s'y prendrait tout doucement.

Ce soir-là, nous l'avons passé chez nous, à regarder la télévision. Ma mère s'était couchée tôt, nous laissant ainsi seuls au salon. C'est là que nous avons fait l'amour pour la première fois. Nous nous sommes embrassés et il fit glisser ses mains sur mes seins, sur mes cuisses, puis sur ma vulve. Il descendit lentement mon pantalon, puis le sien, tout en caressant ma peau soyeuse. La crainte de voir ma mère se lever me procura un supplément d'excitation.

Mario touchait à son pénis devant moi, un comportement que j'étais incapable de supporter, puisqu'il me rappelait trop ceux de Georges Racine. Je n'en soufflai toutefois pas un mot à Mario, mais il s'aperçut de quelque chose. Il me demanda même si je souhaitais arrêter là pour cette fois, mais je refusai. J'avais trop peur qu'il se retourne vers d'autres filles et de le perdre.

Mario avait un gros pénis qu'il tenait dans ses mains. Il était raide et gonflé, prêt à me pénétrer. Moi, j'étais crispée, tellement qu'il eut de la difficulté à ouvrir mes jambes. J'avais mal au ventre rien qu'à y penser. Puis, il fit glisser son pénis en moi. Je m'attendais à une souffrance terrible, après avoir entendu mes amies parler de leur première expérience. Je ressentis moi aussi quelques douleurs, mais beaucoup moindres que celles que j'appréhendais. Probablement parce que Georges Racine était passé par là avant Mario...

Somme toute, cette première expérience fut moins douloureuse que prévu, mais ne me permit pas de devenir nymphomane pour autant! J'avais tout aussi peur de la sexualité qu'avant.

Par la suite, je devins une maniaque des douches vaginales. Je ne crois pas que ce soit à cause de Mario, mais davantage à cause de Georges Racine. Je me sentais constamment sale à l'intérieur et m'achetais régulièrement ces produits pour douches internes. Je désirais sentir mon vagin propre. Et lorsque je n'avais pas d'argent pour m'en procurer ou que ma mère n'en avait pas les moyens, je courais à la pharmacie pour en voler.

### La nouvelle vedette

Ma mère fréquentait régulièrement les bars. Elle connaissait plusieurs clients, employés et chanteurs fréquentant ce milieu.

Un jour, elle se décida à parler de moi à l'un des organisateurs de ce genre de spectacles, Jean-Loup. Il travaillait comme recruteur de chanteurs et de *bands* pour divers établissements licenciés. Aussi étonnant que cela puisse paraître, elle lui dit que j'avais du talent pour la chanson et lui fit part de mon désir ardent de chanter dans des bars. Puisqu'il connaissait ma mère, il accepta de m'accorder une première chance: le samedi suivant, je devais me présenter à une audition. Je jubilais lorsque ma mère m'annonça la nouvelle.

Le samedi venu, nerveuse, je me présentai au bar en question avec ma mère et Mario, afin de passer mon audition. J'eus la surprise de constater que cette audition se passait devant un public, dans le bar, comme si j'avais vraiment été embauchée pour y travailler. Si j'avais eu un thermomètre pour mesurer le degré de nervosité en moi, je crois qu'il aurait éclaté. Je craignais que les notes soient fausses et que ma voix ne soit pas juste. Je montai donc sur les planches mon tour venu, vers les vingt et une heures. Le bar était déjà rempli. J'étais la toute première à me produire. Je chantai *J'ai besoin d'un ami, Chante-la ta chanson* et *Un jour à la fois*. J'eus droit à un rappel et il était évident que le public était ravi de ma prestation.

Ce qui me surprit le plus, c'était de voir à quel point j'étais à l'aise sur une scène. Le maître de cérémonie, Jean-Loup, était lui aussi très satisfait de ma première performance et décida de m'embaucher et de me trouver du boulot dans des bars de Montréal. Il me «bookait» tôt en soirée et je chantais devant le public. Ma mère m'accompagnait toujours. Après mon spectacle, on me payait et nous partions. Beaucoup de gens venaient encourager ma mère, lui dire de continuer à me faire chanter, soutenant que j'irais loin dans cette carrière.

Enfin, je pouvais donc chanter et danser sur une scène, en fait, faire ce que j'aimais le plus. Comme lorsque j'étais enfant, quand il était question de chansons et de spectacles, ma mère était plus indulgente à mon égard. Elle m'encourageait et m'aidait même à apprendre mes chansons et à répéter. Elle me félicitait à la fin de chacun de mes spectacles. J'appréciais ces moments magiques, parce que ma mère était gentille avec moi. Je ne la reconnaissais presque plus...

**Le menteur**

Je ne peux pas dire qu'avec Mario, ce fut extraordinaire, sexuellement parlant. Nous n'avons pas vécu une période intense où la sexualité primait sur tout. Nous, c'était plutôt la musique et la danse.

J'avais le sentiment d'être importante pour Mario et il semblait fier d'être avec moi. Mais il aimait beaucoup les filles. Il y avait déjà un an qu'il était avec moi et il considérait probablement qu'il avait fait son effort. D'autres filles l'intéressaient. D'ailleurs, il avait la faveur populaire auprès d'elles.

Il rencontra en effet une autre fille qui l'intéressa beaucoup. Il s'agissait d'une adolescente qui vivait à l'extérieur de Montréal mais qui revenait vivre chez son père, en ville. Une petite nouvelle qui eut tôt fait d'accrocher Mario. Il me téléphona un soir pour me dire qu'il ne souhaitait plus poursuivre sa relation avec moi. J'étais bouche bée, frustrée de reconnaître que tout ce qu'il voulait, c'était mon sexe... et qu'il l'avait eu! Il m'avait plantée là tout juste après avoir couché avec moi. Mais je ne lui dis rien et ne laissai rien paraître de ma déception devant lui. J'encaissai le coup sans broncher. Mais après avoir raccroché le combiné du téléphone, j'en pleurai un coup devant ma mère qui me répétait que je n'avais rien perdu.

Quelques semaines plus tard, Mario revint me voir, piteux, afin que nous puissions reprendre notre liaison. Il disait regretter ce qu'il m'avait fait et admettait son erreur. J'acceptai finalement, parce que, au fond de moi, je l'aimais beaucoup. Nous avons fait un autre bout de chemin ensemble, pendant quatre ou cinq mois.

Puis un vendredi soir, alors que nous allions habituellement toujours danser au Centre culturel, Mario me téléphona pour me dire qu'il n'irait pas à la danse. Je trouvai cette décision bien étrange, mais je la respectai. Mario me demanda de demeurer chez moi et m'annonça qu'il viendrait me voir. C'est ce que je fis en l'attendant toute la soirée, sans toutefois jamais le voir apparaître. Lorsque je téléphonai chez lui, je n'eus aucune réponse. Je me répétais qu'il devait être en chemin pour venir me voir, mais il n'arriva jamais.

Le lendemain matin, ma cousine Chantal me téléphona à huit heures pour me demander comment il se faisait que je n'étais pas à la danse de la veille. Elle s'inquiétait pour moi, puisque je ne manquais généralement jamais une de ces soirées dansantes. Je lui expliquai alors que j'avais attendu Mario toute la soirée sans qu'il vienne me trouver. J'eus la surprise de ma vie d'entendre Manon m'avouer que Mario avait passé la soirée au Centre culturel, à danser avec une fille aux cheveux longs. Je n'en revins pas.

Je téléphonai alors à Mario pour qu'il m'explique pourquoi il n'était pas venu me voir la veille. Je fis l'innocente, comme si je ne savais pas qu'il s'était rendu à la danse, pour voir ce qu'il allait me raconter. Et il tomba dans le piège. Il m'expliqua qu'il avait passé la soirée à regarder un film, seul chez lui, et qu'il s'était endormi devant le téléviseur. Je ne le contredis pas. Il me dit ensuite qu'il allait prendre sa douche et qu'il me rejoindrait par la suite chez moi.

Je le devançai et me rendis chez lui. Je lui dis alors que je savais qu'il avait passé la soirée à danser avec une fille. Il commença par nier, puis ouvrit la porte en disant qu'il était juste passé faire un tour au Centre culturel. Même s'il ne me parla jamais de la fille en question, il m'en avait suffisamment révélé. Il m'avait menti et ça, je ne l'acceptais pas. Je rentrai dans l'appartement et en suis ressortie avec un appareil de radio lui appartenant. Je le lui lançai au visage en disant ne plus jamais vouloir le revoir. C'est effectivement de cette façon que notre relation prit fin, sans que j'aie jamais à revoir Mario.

**Madame Petit**

L'école a toujours été la dernière de mes priorités. J'y allais parce que je pouvais y pratiquer des sports et participer à des concours artistiques. Mais pas du tout pour l'aspect scolaire, le fondement même de l'école. Je me levais en retard chaque matin. Bien que nous ayons habité tout juste en face de l'école que je fréquentais, j'étais incapable d'être à l'heure. Le soir, au retour de l'école, je plaçais mon sac dans ma chambre sans même faire mes devoirs ou apprendre mes leçons. J'ouvrais la porte du réfrigérateur pour manger quelques bâtonnets de fromage et je partais illico pour jouer au *softball* ou encore pour danser. Le plus drôle, c'est que je réussissais à obtenir de bonnes notes. Malgré tout, j'avais du talent. J'étais toujours aussi peu commode à l'école. Violente aussi. Je refusais toute forme d'autorité.

L'une de mes enseignantes, madame Petit, était plus sévère que les autres. Elle était la terreur des élèves. Pas qu'elle soit méchante ou laide, mais plutôt parce qu'elle imposait le respect. Dans son cours, l'idée de faire des bêtises ne nous venait même pas, tant nous savions qu'elle ne s'en laissait pas imposer par ses élèves.

Un matin comme les autres, je suis arrivé en retard. Mais ce matin-là, je commençais ma journée dans un de ses cours. Après une brève séance d'explications, que j'avais manquée à cause de mon retard, il nous fallut résoudre des problèmes de mathématiques. Évidemment, je n'y comprenais rien. Je levai alors la main pour faire part de mon incompréhension au professeur.

– Madame Petit, pourriez-vous m'expliquer comment on fait ce problème?

– Nathalie, où étais-tu à huit heures ce matin?

– À huit heures? Hum... Attendez... Oui! J'étais dans mon lit, à huit heures!

Toute la classe éclata de rire. Une jeune fille avait osé défier madame Petit en lui disant une sottise. Les regards de mes camarades se tournèrent vers elle. Qu'allait-elle faire? Laisser passer ou répliquer?

– Eh bien, tu devrais y retourner! Je ne t'explique pas le problème. Tu n'avais qu'à être présente en classe lorsque je l'ai expliqué. Allez! Prends ton livre et fais le problème.

Sans faire ni une ni deux, je refermai mes livres et me croisai les bras et les jambes.

– Vous êtes professeure et vous devez m'expliquer. Je ne comprends rien à votre chinois!

C'en était trop. Qui connaissait madame Petit comprenait que j'étais allée trop loin. Elle fulminait. La vapeur lui sortait presque par les oreilles. D'un pas décidé, elle se dirigea vers mon pupitre. Elle me prit fermement par un bras pour me soulever de mon banc. Ses ongles pénétrèrent dans ma peau et me firent mal.

Si madame Petit avait son caractère, j'avais aussi le mien! Et je n'avais pas l'intention de me laisser serrer le bras ainsi par une enseignante, surtout devant tous les élèves. Je m'élançai alors pour la gifler solidement. Elle lâcha prise subitement et me regarda en tremblant. La joue bouffie par la gifle, elle m'intima de me rendre au bureau du directeur sur-le-champ. Les élèves, silencieux, me dévisageaient comme si j'étais une extraterrestre. J'étais l'héroïne du jour, ayant fait ce que personne n'avait encore osé faire. Presque fière de moi, je me suis dirigée vers le bureau du principal.

Il me demanda de m'expliquer. Je lui racontai alors que madame Petit m'avait enfoncé ses ongles dans la peau et que, puisqu'elle n'avait pas à me toucher, j'avais répliqué. Les marques rouges des ongles de l'enseignante qui avaient percé ma peau étaient toujours visibles. Lorsqu'elle les vit, elle se sentit gênée. Elle ne croyait pas avoir serré si fort...

Lorsque le directeur m'informa de son intention de m'infliger une suspension de trois jours, je pris le mors aux dents. Je ne pouvais supporter d'être punie alors que, dans mon esprit, j'avais eu raison d'agir comme je l'avais fait. J'étais vraiment contrariée. Je m'emparai alors de ma trousse à crayons et la lançai au visage de mon directeur.

Il téléphona à ma mère et la convia immédiatement dans son bureau. Lorsqu'on lui expliqua ce qui s'était passé et qu'on l'informa de ma suspension de trois jours, ma mère prit ma défense. Elle soutenait que j'avais bien fait de répliquer et de ne pas m'être laissé molester de la sorte. Elle m'emmena avec elle en jurant contre la direction de l'école.

Sur le chemin du retour, j'informai ma mère de mon désir d'abandonner l'école. J'en avais vraiment ras-le-bol. Avec étonnement, je constatai que ma mère n'était pas contre. Elle s'était rendu compte du genre de gens qui m'enseignaient et était convaincue que cela n'avait aucun bon sens.

– N'y retourne plus si t'es écœurée. Mais tu ne resteras pas à niaiser à la maison. Tu devras te trouver une job!

J'avais 15 ans lorsque je quittai l'école de façon définitive. Je réussis à trouver un emploi de serveuse dans un restaurant McDonald's, à l'angle des rues Papineau et Mont-Royal. J'étais rémunérée 3,26 $ de l'heure. J'y travaillai pendant un an et demi et le quittai alors que j'étais caissière en chef. Je donnais mes payes à ma mère, afin de l'aider à pourvoir aux besoins de la famille.

## L'ex-taulard

Ma mère avait quitté Léo et fréquentait maintenant un dénommé Jacques. Ce dernier était le frère du conjoint de Monique, cette tante qui m'avait fait avaler des aiguilles lorsque je vivais chez Rollande. C'est justement par l'entremise de Monique que ma mère connut Jacques. Durant cette période, ma mère et Monique se fréquentaient beaucoup.

Jacques était un ex-détenu. Il sortait tout juste de prison, après avoir purgé une sentence de dix années de réclusion, pour un vol qualifié. Il avait, semble-t-il, dévalisé un dépanneur à l'aide d'un tuyau de fer... Ma mère était en amour avec lui et, rapidement, il vint demeurer à la maison. Moi, je le détestais. Probablement parce qu'il me ressemblait trop, c'est-à-dire qu'il avait beaucoup de caractère. Par contre, ma mère, lorsqu'elle était en amour, était plus ouverte et moins violente avec moi.

Jacques buvait beaucoup. Comme tous les autres conjoints que ma mère eut. J'ignore pourquoi, mais elle avait ce don de trouver des hommes violents et qui aimaient l'alcool. Jacques vivait dans sa chambre. Il pouvait passer des journées entières, seul dans sa chambre, à boire de la bière et à écouter la musique du King, Elvis Presley. C'est un peu comme s'il continuait de purger sa peine de prison, mais chez nous. Ce comportement me rendait hostile, parce que je travaillais fort et remettait mes payes à ma mère pour l'aider à faire vivre la famille. En revanche, ma mère achetait la boisson de Jacques avec mon argent...

Jacques ne m'aimait guère non plus. Il avait même dit à l'une de mes sœurs qu'un jour, il allait «m'en mettre un dans les dents». Ces paroles-là me restaient sur le cœur et je ne parvenais pas à les oublier. Je me disais qu'un homme ne pouvait en vouloir à une adolescente au point de vouloir la frapper. Probablement que Jacques avait dit ça sans vraiment le penser, mais moi, je le pris au mot. Et un soir, à mon retour à la maison, j'éclatai.

J'étais droguée par tous les joints que j'avais fumés. J'étais exaspérée de vivre avec cette fameuse phrase sur la conscience et je décidai de l'affronter et d'en finir une fois pour toutes avec lui. S'il voulait se battre, nous allions nous battre et j'allais me défendre. Lorsque j'entrai dans la maison, je me dirigeai vers sa chambre. Je donnai un solide coup de pied dans la porte pour l'ouvrir. Jacques étais assis sur son lit, paisible.

– Tu veux m'en mettre une dans les dents, hein? Alors fais-le! Envoye, lève-toé!

J'étais complètement hors contexte. Jacques ne comprenait rien à mon soudain comportement. J'étais prête. Peut-être allait-il effectivement me frapper, mais au moins il allait aussi recevoir quelques coups. Ma mère me criait de me calmer, mais il n'y avait rien à faire. Jacques aussi tenta de désamorcer la situation.

– Calme-toi, Nathalie, on va se parler.

Nous avons effectivement discuté et tout redevint finalement normal. À tel point d'ailleurs que Jacques et moi sommes devenus les plus grands amis du monde par la suite. Je crois qu'il avait aimé mon côté fonceur. Il appréciait que je l'aie affronté, face à face, sans hypocrisie. Cet incident fit en sorte que Jacques me respecta beaucoup par la suite. Il me protégeait aussi et couvrait mes bêtises devant ma mère. Je l'avais placé de mon côté. Nous avons par la suite fumé de la marijuana, bu et sorti ensemble. Nous devinrent complices.

**Les excuses**

Le visage de Georges Racine revenait fréquemment dans mes pensées. Je me savais malheureuse, en grande partie pour ce qu'il m'avait fait subir. Je me questionnais sans cesse pour trouver un moyen pour lui régler son compte. Comment pourrais-je lui faire payer ce qu'il m'avait fait? À cette époque, un réel désir de vengeance m'animait. Ma mère et Frédéric ne me croyaient pas, et je devais garder tout ça en moi. J'étais seule avec cette douleur intense à l'intérieur, seule à vivre avec mes problèmes, sans pouvoir en parler à quiconque. Je devenais agressive. Je pensais déjà à aller le trouver et à l'affronter. Mais comment? Était-il toujours vivant? Demeurait-il toujours à Sainte-Julienne?

Puis, je changeai d'emploi. Après un an et demi comme serveuse au McDonald's, j'optai pour un emploi un peu plus rémunérateur. Une amie de ma mère, qui travaillait dans une manufacture de couture, facilita mon embauche. Je ne gagnais guère plus cher de l'heure, 4 $, mais au moins je travaillais quarante heures par semaine, ce qui me donnait un plus gros chèque au bout de la semaine.

Durant cette période, ma mère fréquentait tante Monique. Elles étaient toujours ensemble. En fait, elles travaillaient ensemble, dans une manufacture de laine. Moi, j'avais bien de la difficulté à accepter que ma mère fréquente Monique et surtout qu'elle soit souvent à la maison, compte tenu de tout ce qu'elle m'avait fait subir, du temps où elle demeurait chez tante Rollande. Comment ma mère pouvait-elle l'apprécier, tout en sachant ce qu'elle m'avait fait?

Un samedi midi, j'étais attablée à la cuisine, à manger du *chop-suey*, tout en jouant à un jeu de patience. J'étais dans un état second, sous l'effet de la marijuana. Tellement que j'en laissai tomber la moitié de ma nourriture sur mon napperon. Ma mère et Monique étaient présentes elles aussi. Je sentais quelque chose d'anormal dans l'air, une ambiance particulière dans la cuisine. Soudainement, Monique m'adressa la parole.

– Nathalie, je veux te parler...

– Bien, parle-moé!

Je ne la regardai même pas. Je continuai mon jeu de patience comme si de rien n'était. Je la détestais. Je ne lui laissai aucune chance, ne lui ouvris aucune porte. Monique se sentait coupable. Elle était mal à l'aise.

- Regarde-moi, au moins, quand je te parle

- Non! Je t'écoute, là, c'est bien assez!

- Je te demande pardon pour tout ce que j'ai fait quand je restais chez Rollande. Tu sais, j'étais jeune... Je n'avais que dix-huit ans...

Je me répétais que moi aussi, j'étais jeune, à cette époque. Monique voyait bien que je ne l'écoutais pas et que ses excuses ne me faisaient ni chaud ni froid. Elle se mit en colère, défit tout mon jeu de patience et poussa mon assiette de *chop-suey*. Ne voulant rien entendre de plus, je me levai et me dirigeai vers ma chambre.

– Ça ne m'intéresse pas ce que tu as à me dire!

– Nathalie, sois polie avec ta tante Monique!

– Non! Je n'ai pas d'affaire à être polie avec elle, après tout ce qu'elle m'a fait subir. Et foutez-moi donc la paix!

**La tour**

À 16 ans, en plus de mes heures de travail à la manufacture et dans les bars où je chantais, je fréquentais toujours les salles de danse. C'est là que je rencontrai Pierre, un homme d'une quarantaine d'années qui organisait des activités pour les jeunes. Pierre m'aimait beaucoup et me prit sous son aile. C'était un homme célibataire, sans enfant, qui avait le goût de prendre soin de quelqu'un. Voyant bien que j'étais pauvre, mal aimée et battue, il choisit de s'occuper de moi, afin de me faire connaître quelques moments de bonheur. Il m'achetait des petites gâteries et m'emmenait au restaurant. Il était, en quelque sorte, en amour avec moi, sachant cependant très bien qu'il ne pouvait penser avoir une relation stable avec une adolescente de mon âge. D'ailleurs, il ne me harcela jamais en ce sens et ne me fit jamais de proposition. Il était un ami, un point c'est tout.

Il connaissait beaucoup de gens et me présenta à des adultes importants. Il me fit connaître une autre classe de gens. Puis, un jour, il décida que je méritais mieux qu'un travail dans une manufacture de jeans. Il avait confiance en moi et il parla alors de moi à l'un de ses copains de la firme Samson, Bélair, Deloitte et Touche, pour qu'il puisse m'embaucher.

Effectivement, j'obtins une entrevue avec l'un des patrons. Mais pour m'y présenter, je devais être mieux vêtue. Pierre m'emmena avec lui dans de grands magasins et remplit ma garde-robe de vêtements chic et haut de gamme, de souliers et d'accessoires. Dans la boutique, j'étais très mal à l'aise, puisque je n'en avais pas l'habitude. Je paraissais avoir presque cinq ans de plus que mon âge réel. Lors de l'entrevue, le patron ne put dire non à la jolie jeune femme qu'il avait devant lui. Quelques jours plus tard, j'obtins l'emploi.

Je devins commis de bureau et travaillai à la tour de la Bourse, au centre-ville de Montréal. Je répondais au téléphone, classais des dossiers, rédigeais des bulletins fiscaux et préparais le café pour la salle de conférence. On m'appréciait pour mon sens de l'initiative et des responsabilités ainsi que pour ma débrouillardise. Quoique bien jeune, j'étais aussi mûre que si j'avais eu vingt ans. J'avais un salaire décent. Je me sentais libre. Sur l'heure du dîner, j'allais au restaurant siroter un café et manger un sandwich, ce que je n'avais pas l'habitude de faire. Ces simples petits bonheurs étaient grands pour moi.

Le jour, je menais une vie de femme, mais le soir venu, je redevenais, aux yeux de ma mère du moins, l'adolescente de seize ans que j'étais. On me criait des bêtises et on me frappait pour tout et pour rien. Pour fuir la réalité de ma famille et ma mère qui ne cessait d'être sur mon dos, je buvais et fumais des joints de marijuana. Rapidement, il vint un temps où j'arrivais en retard au travail parce que je n'étais plus capable de me lever à l'heure, le matin. Et puis, étant donné que mon argent passait dans les restaurants, l'alcool et la drogue, je n'allais plus au travail en taxi, mais en autobus. Et, comme l'horaire de ces derniers est moins fiable que le taxi, j'arrivais en retard au boulot. J'eus droit à plusieurs avertissements de mes patrons. Je commençai à sentir la soupe chaude et décidai de quitter mon emploi avant d'être congédiée. Un bon matin, je décidai de ne pas me présenter au bureau, et d'annoncer ma démission par téléphone.

### La cour

Jacques prenait régulièrement ma défense. Avec moi, il se liguait contre ma mère pour lui faire comprendre qu'elle ne me laissait pas suffisamment de liberté. À une occasion, ma mère et lui se disputèrent à mon sujet. Jacques lui reprochait de ne pas me laisser libre, alors qu'elle lui reprochait de toujours prendre ma défense. Ne voulant plus rien entendre, Jacques quitta l'appartement en claquant la porte. Furieuse, ma mère entra dans ma chambre en criant et en me pointant du doigt.

– Toé là, prie le Bon Dieu pour que Jacques revienne, sinon tu ne croiras pas à ça...

Je n'eus pas le goût d'attendre la suite et décidai de remplir de vêtements mon sac à dos et de quitter l'appartement. Ce fut par la fenêtre, à l'insu de ma mère, qui j'ai fui l'appartement. J'étais décidée à faire ma troisième fugue et que ce soit ma dernière. J'avais l'intention de prendre les moyens nécessaires pour ne plus avoir à revenir chez ma mère. Je me rendis de nouveau directement au bureau du Directeur de la protection de le jeunesse.

Je fus placée dans une maison pour jeunes pendant quelques semaines, le temps que des procédures judiciaires soient entamées. Cette fois, c'est un juge qui devait décider de mon sort. Allais-je retourner chez ma mère ou pourrais-je enfin vivre ailleurs? Dans l'intervalle, ma mère avait tout fait pour tenter de m'amadouer, afin que j'abandonne ces procédures et que je retourne avec elle. Elle m'avait même acheté un chien, qu'elle était d'ailleurs venue me montrer à la maison de jeunes. Mais rien n'y fit et nous nous sommes retrouvées en cour.

Le juge balayait la salle des yeux pour trouver l'enfant à placer.

– Où est l'enfant?

Je me suis levée, sachant que c'était de moi dont il s'agissait. J'avais l'air d'une femme. Bien vêtue, jolie, le juge n'en croyait pas ses yeux. Je racontai comment je vivais avec ma mère, les mauvais traitements qu'elle m'infligeait et ma liberté qu'elle restreignait. Ma mère pleurait. Je crois qu'elle se rendait compte pour la première fois à quel point elle était sévère et combien elle me rendait malheureuse.

Le juge, après avoir entendu mes doléances, sermonna ma mère. Il lui dit qu'elle était beaucoup trop sévère. Je gagnai ma cause et j'eus droit d'aller vivre, jusqu'à mes dix-huit ans, dans un centre d'accueil. Mais je me sentais si coupable que je ne saisis pas cette occasion. Je choisis de continuer à vivre avec ma mère, me disant que, de toute façon, j'atteindrais bientôt ma majorité.

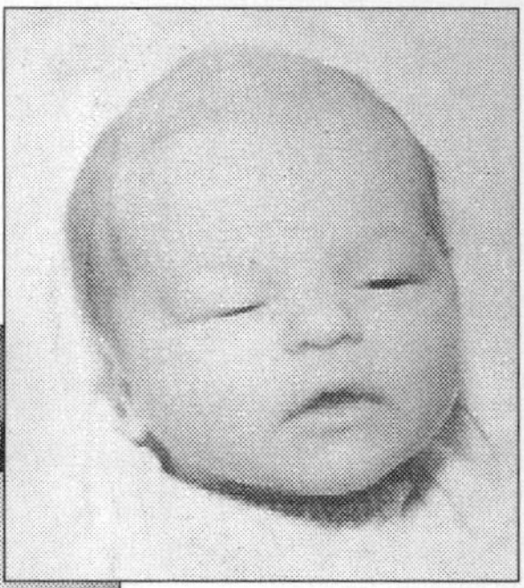

Les deux plus anciennes photos dont je dispose de moi, bébé.

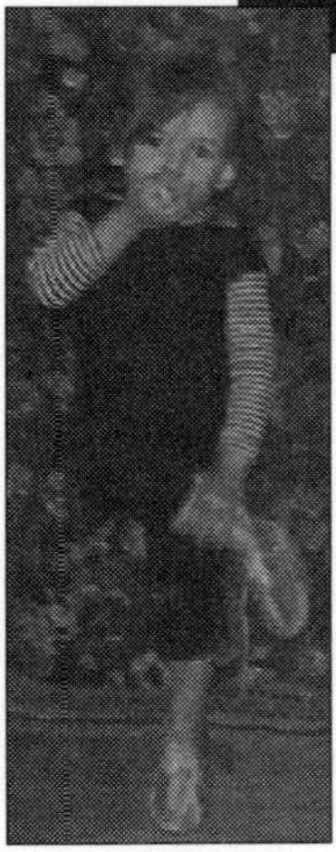

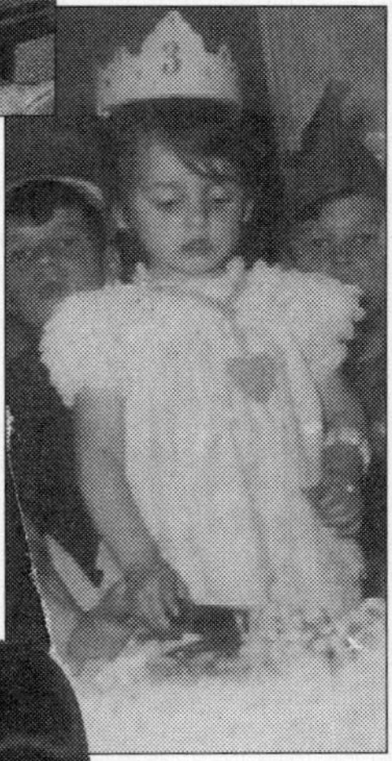

Pour mes trois ans, je soufflais les bougies d'un des rares gâteaux d'anniversaire auquel j'ai eu droit dans mon enfance.

J'ai quatre ans.

Lors de ma première communion, quelques heures avant que Pierre ne me balade dans la décapotable de son frère.

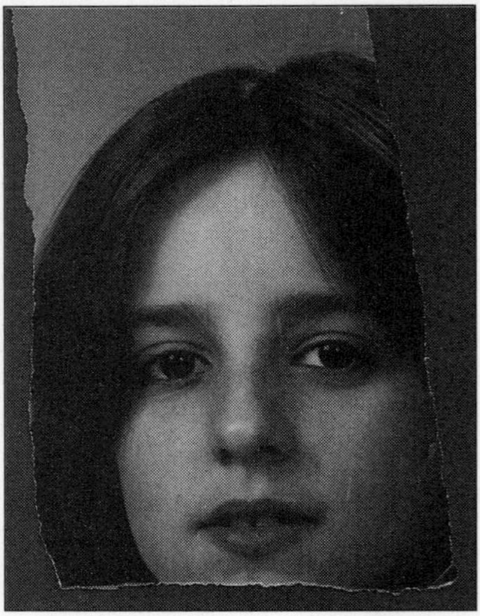

Voici tout ce qui reste d'une photo de moi à l'époque de mon adolescence, quand je me haïssais tellement que j'avais déchiré cette image qui me représentait.

Chez ma grand-mère, rue des Érables, quelques jours avant d'être placée chez les Racine.

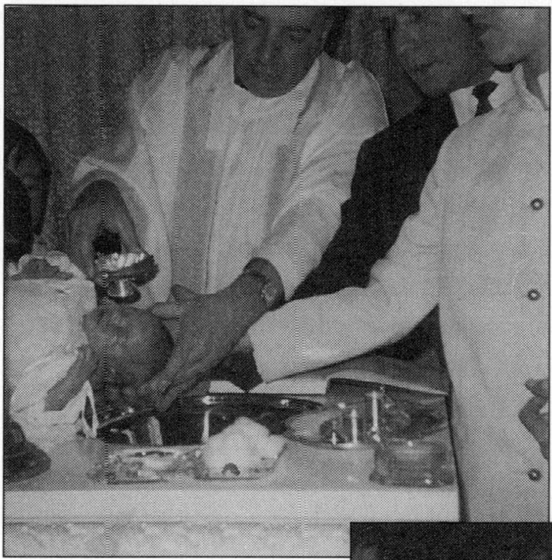

À peine âgée de quelques jours, je fus baptisée à l'église de Lavaltrie.

À dix-huit ans, j'étais tellement heureuse d'être enceinte de Daphné.

Peu après avoir accouché de Daphné, à Noël 1987.

En 1991, entre deux cuites, alors que je m'arrêtais voir mes enfants chez ma mère.

À mon retour d'Acapulco, avec Marco.

Avec Daphné, en 1988, avant de plonger dans la toxicomanie.

Dans notre maison de Saint-Sauveur, entre deux crises d'angoisse.

Le *party* se poursuivait, à Acapulco.

Ce sont probablement ces jambes qui m'ont fait gagner le concours de Miss Acapulco!

À Acapulco, c'est souvent en calèche que je me rendais dans les bars.

À la fin d'une soirée, à cinq heures du matin, tout juste après le lever du soleil. On remarque à quel point j'aimais montrer mes attributs!

Lors d'une randonnée sur les plages d'Acapulco.

Le *party* débutait déjà l'après-midi, sur la plage en Floride.

Une petite saucette dans la mer, entre deux verres!

Attention, Nat débarque au Mexique!
Remarquez d'ailleurs mon nom sur l'avion...

À New York, en 1989, lors de trois jours de vacances avec Tony. Remarquez à quel point ma consommation m'avait rendue maigre.

Au Mexique, à la discothèque Dôme, alors que je venais de remporter le concours de Miss Acapulco.

À l'Halloween, chez ma mère. À l'époque, je travaillais au Cocktail Super Club.

Avec l'ailier droit Stéphane Richer, à l'époque où je dansais nue.

Avec mon amie Brigitte, qui m'a initiée à la cocaïne, à Saint-Hippolyte.

La voiture à l'intérieur de laquelle j'ai failli laisser la vie, quelques mois avant d'entreprendre une thérapie.

Avec mon ami Louis, lors des fiançailles d'un de ses amis.

En 1990, alors que je n'avais même pas le cœur de passer l'Halloween avec ma fille...

En février 1995, lors de notre merveilleux voyage à DisneyWorld, avec mon personnage favori, Simplet.

Mes enfants, Marco et Daphné, avec le même Simplet.

Peut-on aller à DisneyWorld sans prendre une photographie avec Mickey Mouse?

À Wonderland, Daphné et Marco se sont bien amusés.

Daphné, Tony et moi, à DisneyWorld.

À Nassau, sur le bateau de croisière MS Fantasy.

Tony et moi, au baptême de mon filleul, en 1996.

En décembre 1995, lors d'un enregistrement avec Daniel Hétu et Guy Rhéaume, dans un studio de Boucherville.

Accompagnée de Daniel Hétu et du journaliste Roger Sylvain, à la fin d'un spectacle, à Laval.

À Saint-Sauveur, en compagnie de Daniel Hétu et de son épouse, Diane Juteau.

À Laval, lors d'un spectacle, en 1995. J'interprétais la chanson *Stone*, de *Starmania*.

Ma famille: Marco, moi, Tony et Daphné.

Mon amie Nathalie était venue me voir chanter, à Laval.

En compagnie de mon chien, Stanley, qui a été happé par une voiture en juillet 1997.

Aux chutes Montmorency,
à l'époque où je
fréquentais Michel.

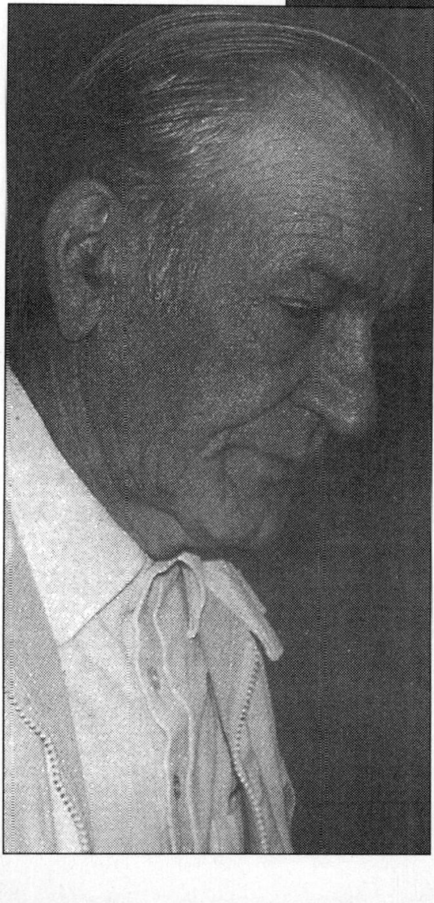

Georges Racine,
mon agresseur.

# Chapitre 8

# La descente aux enfers

J'avais eu mes dix-huit ans et je vivais seule en appartement, pauvrement, puisque prestataire de l'aide-sociale, ce qui me décourageait un peu. Je buvais encore et consommais de la marijuana, afin de geler mes émotions. De cette façon, j'étais moins consciente de la douleur interne qui me rongeait constamment. Je pensais alors effectuer un retour aux études, afin de me replacer sur le droit chemin.

## La passion

À cette époque, ma mère travaillait comme serveuse au bar Donat, rue Beaubien. Le propriétaire, Antonio, était âgé de 28 ans. Ma mère revenait souvent du boulot en me parlant de lui. Tous l'appelaient affectueusement Tony. Elle le trouvait beau et gentil. Je crois qu'elle avait Tony dans l'œil. Elle insistait pour que j'aille prendre un verre au bar où elle travaillait, afin que je voie de qui elle parlait. Ça ne m'intéressait guère. Les idées de ma mère ne m'allumaient tout simplement pas... Mais je cédai tout de même à ses demandes, beaucoup plus tard, et je m'y rendis pour boire un verre.

Lorsque ma mère me présenta Tony, je vis tout de suite que ce n'était pas mon genre de mec. Il était beau, avec ses cheveux bruns, ses yeux vert kaki, sa peau saine et avec sa moustache pointue, mais il n'était pas mon type. Il était toujours élégamment vêtu, d'un complet-cravate. Tony était un homme d'affaires; il possédait aussi un commerce de voitures d'occasion. Je crois que je lui fis bon effet, puisque Tony ne cessa de me payer des verres durant toute la soirée. Puis, nous avons dansé ensemble le temps de quelques chansons et nous avons eu beaucoup de plaisir.

Je retournai à plusieurs reprises au bar Donat. De plus en plus, j'appréciais Tony. Il était gentil et se préoccupait de moi. Je prenais une certaine importance pour lui. Nous étions de plus en plus proches l'un de l'autre. Je commençais à le trouver viril et mûr. Il avait toutefois un défaut: il buvait. Je dirais même qu'il était alcoolique. Fréquemment Tony s'endormait sur le coin du bar ou dans son bureau, à la fin de la soirée. J'avais trouvé en lui un partenaire pour boire et nous avions beaucoup de plaisir ensemble. Je savais que je me dirigeais vers une relation à problèmes, calquée sur celles que ma mère avait entretenues tout au long de sa vie, mais je n'y pouvais rien!

Il y avait un hic encore plus majeur : Tony avait une conjointe! Selon ce qu'il me racontait, son couple battait de l'aile et il s'apprêtait à laisser son amie. Ce n'est donc pas à cause de moi qu'il la laissa, tout au plus ai-je accéléré un peu les choses. Un soir, la sonnerie du téléphone retentit, Tony était au bout du fil. En état d'ébriété, il s'invita chez moi. Il arriva au volant de sa luxueuse Audy 5000 de l'année. Nous avons bu et mangé, puis nous nous sommes embrassés pour la première fois. Nous avons eu du plaisir, jusqu'à ce que son téléavertisseur ne nous fasse sursauter : sa compagne réclamait qu'il aille la chercher au travail. Sans le savoir, elle mit ainsi fin à la soirée romantique qui s'amorçait.

Quand ma mère s'aperçut que moi et Tony étions si proches l'un de l'autre, elle tenta de me décourager. Elle voulut me convaincre que Tony ne laisserait jamais sa conjointe et que, de ce fait, je ne pourrais jamais avoir une relation avec lui. J'appris par la suite qu'elle usait du même stratagème auprès de Tony, afin de l'empêcher de me fréquenter. Lorsque Tony lui disait s'intéresser à moi, elle lui répétait que s'il me connaissait vraiment, il ne serait plus intéressé. Le problème dont souffrait ma mère s'éclaircissait de plus en plus dans mon esprit: elle était jalouse de moi. Je pense qu'elle aurait bien voulu captiver Tony comme je savais le faire.

Tony quitta finalement son amie, non sans douleur, pour venir demeurer chez moi. Son bar et son commerce de voitures boitaient sur le plan financier, après qu'il eut été escroqué par un associé malhonnête. Il prit le temps nécessaire pour remonter ses affaires, lentement mais sûrement. Tony me gâtait pas mal. Il était habitué à la grande vie et m'en faisait profiter. Il m'achetait de la nourriture en quantité, m'emmenait au restaurant, dans des discothèques et me procurait des vêtements à la mode. Rien n'était trop beau pour moi. Je sentais qu'il m'aimait beaucoup. Il était galant, m'ouvrait la porte, dégageait les marches de mon appartement, l'hiver, et me traitait comme une princesse. Tony était toujours souriant. Il portait attention à ce que je disais et y prêtait de l'importance. Ce que j'aimais, c'était sa confiance en lui. Il avait cette capacité de se moquer pas mal des commentaires des autres et de faire ce qu'il avait à faire, sans être influencé. Par contre, il était rarement à la maison. Son commerce et son habitude de faire la bise à la bouteille occupaient beaucoup de son temps.

**Du nouveau...!**

Ce n'est qu'un mois après le début de nos fréquentations que je tombai enceinte d'un premier enfant. Tony était parti pour la Floride depuis près d'un mois, à la recherche d'un nouveau commerce à acquérir. Puisque je retardais dans mes règles, j'étais allée passer un test de grossesse à la pharmacie, pour me faire dire que c'était positif.

Bien qu'encore jeune, dix-huit ans, j'étais très heureuse de porter un enfant. Heureuse, mais surtout fière. Pour ce petit être, j'allais devenir la personne la plus importante. Ce bébé allait m'apporter beaucoup d'amour, ce dont j'avais tant manqué dans ma jeunesse. J'étais si fière que je portais des robes de maternité dès les premières semaines, pour que tous reconnaissent mon état.

Quelques jours plus tard, Tony revint. J'appréhendais beaucoup sa réaction. J'ignorais comment il allait accueillir la nouvelle. Je n'avais toutefois d'autre choix que de lui annoncer la nouvelle. Je tentai donc le tout pour le tout. Nous étions assis au salon, en buvant un verre, et je lui dis que je m'étais rendue passer un test de grossesse car mes menstruations retardaient, et qu'il s'était révélé positif. Voilà! Les dés étaient lancés... J'avais hâte de connaître sa réaction.

Tony sourit. Il était content. Me voyant inquiète, il me rassura immédiatement, s'approcha de moi et me caressa le ventre.

Je ne me précipitai pas chez ma mère pour lui en faire l'annonce. Je me doutais bien que, puisque c'était une nouvelle qui me rendait heureuse, sa réaction serait négative. J'étais assise chez elle à la cuisine, devant un café, lorsque je me décidai à lui annoncer la nouvelle très sèchement, sans préambule.

– Je suis enceinte!

Elle se figea sur sa chaise. Quelques secondes plus tard, après avoir repris ses esprits, elle bafouilla quelques mots.

– T'es pas mal jeune!

Mais elle se tut sur-le-champ. Elle prit conscience qu'elle ne devait pas s'engager plus à fond dans cette avenue, parce qu'elle avait accouché de ma sœur Linda à l'âge de dix-huit ans! On aurait dit que ma mère cherchait quelque chose à dire pour me décevoir, pour dégonfler mon ballon, mais qu'elle n'y parvenait pas.

Durant ma grossesse, je cessai de fumer et de boire, si ce n'est que quelques petits verres de vin. J'arrêtai aussi d'être sur le *party;* je me rendais compte de l'importance de ma grossesse. Je m'alimentais sainement. Par contre, je dansais beaucoup. J'avais très hâte d'être mère. J'allais souvent dans la chambre que nous avions aménagée pour notre enfant, afin de lui faire écouter de la douce musique de bébé. Je pris quarante-trois livres (19,5 kg) au cours de ma grossesse.

Ma mère devint finalement heureuse de se voir devenir grand-mère. Je crois que c'est davantage pour elle qu'elle se réjouissait que pour moi. Elle insista pour être présente au moment de mon accouchement. Même si je n'y tenais pas du tout, je n'eus pas le courage de le lui interdire. Tony y était aussi. Le bébé mit vingt heures à se montrer le bout du nez, mais dans l'ensemble l'accouchement se déroula sans problèmes. De toute façon, aucune douleur n'équivaut à la douleur intérieure que j'avais subie au cours de mes dix-huit premières années de vie.

Nous souhaitions un garçon. Je me voyais déjà jouer au baseball avec lui, il porterait sa casquette à l'envers. Mais ce fut une fille. Pour être honnête, j'ai été déçue pendant un tiers de seconde. Mais elle était si belle. Nous l'avons prénommée Daphné, telle la nymphe grecque aimée d'Apollon, un prénom que j'avais trouvé à l'âge de treize ans et qui m'avait marquée. C'était le 1er avril 1987.

Après mon accouchement, les vergetures de mon ventre me déprimèrent un certain temps. Je n'avais plus ces jolis petits seins fermes que j'avais toujours eus. Rapidement, je recommençai à boire, seule, à la maison, quand Daphné trouvait le sommeil. Pendant ce temps, Tony travaillait ou encore il buvait à son bar, sa maîtresse. Sauf au début, où il prenait son rôle de père très au sérieux, j'étais seule à assumer les tâches domestiques. Je n'étais qu'une mère et une ménagère. Je reprochais à Tony de n'être pas assez présent.

Puis, deux ans plus tard, le 14 février 1989, je passai un autre test de grossesse, positif lui aussi. Près de deux ans après mon premier accouchement, j'attendais un second enfant. Cette nouvelle me surprit, sur le coup. Mais rapidement, je me fis à l'idée que nous allions vraiment former une petite famille, avec deux enfants. De nouveau, j'arrêtai de boire, mais pas de fumer. À l'échographie, j'appris qu'il s'agissait d'un garçon. Nous en étions très heureux. Enfin, j'allais avoir mon garçon.

L'accouchement se fit très rapidement: une heure après le début du travail, tout était terminé! Nous avons appelé notre fils Marco, un nom dont je ne raffolais guère, mais que Tony avait choisi. Je ne m'y opposai pas, parce que lors de mon premier accouchement, il n'avait rien dit quand j'avais choisi Daphné.

C'est toujours moi qui m'occupais des enfants. D'abord parce que Tony était constamment absent de la maison, mais aussi parce que je refusais qu'il s'en occupât, lorsqu'il y était. Par exemple, la nuit, lorsqu'un enfant pleurait, je préférais que ce soit moi qui se lève et qui aille y voir, parce que j'avais de la difficulté à concevoir qu'un homme se retrouve dans la chambre à coucher des enfants, la nuit. Les épisodes Racine me revenaient en mémoire. Lorsque je donnais le bain aux enfants, je trouvais indécent que Tony entre dans la salle de bains. J'estimais qu'il n'avait pas sa place à cet endroit.

J'ai commencé à trouver les tâches ménagères lourdes, seule à la maison avec deux enfants. Je comprenais tranquillement ce que vivait ma mère lorsque j'étais jeune. De plus, Tony travaillait beaucoup. Et lorsqu'il ne travaillait pas, il sortait. L'ennui, c'est qu'il ne sortait plus avec moi, comme c'était le cas avant la venue de nos enfants. Il ne m'invitait plus au restaurant ou dans les discothèques, mais préférait sortir avec des copains et fréquenter les bars-rencontres. Je ne crois pas qu'il folâtrait avec d'autres femmes, mais je n'aimais guère qu'il fraye dans ce genre d'endroits, surtout avec son ami Roger, un des hommes les plus macho qu'il m'ait été donné de connaître.

Pour tromper l'ennui et noyer ma solitude, je buvais. Seule à la maison, je levais le coude. J'imbibais mon estomac de vin. J'attendais Tony avant d'aller me coucher et je lui faisais savoir ce que je pensais de son comportement d'évitement.

Pour toute réponse, il m'indiquait qu'il ne faisait rien de mal. Tony était un homme avec qui aucune communication n'était possible. Il gardait tout à l'intérieur de lui et fuyait toute discussion relevant des émotions. Jamais nous n'avons donc pu en discuter vraiment. Les disputes s'accumulèrent et la tension monta.

## Les chirurgies

Mon corps me déprimait de plus en plus. J'ai toujours été assez bien roulée et, depuis mes deux accouchements, mon corps était devenu un peu plus flasque à certains endroits. Mes seins n'étaient plus aussi beaux ni aussi fermes qu'auparavant. Mon ventre présentait des vergetures que j'avais peine à accepter. Je ne cessais de me répéter que si Tony ne me sortait plus et qu'il n'en avait que pour ses amis, c'était parce qu'il ne me trouvait plus aussi attirante. Je me cachais sans cesse le ventre et laissais toujours mes seins voilés. Je ne portais plus de bikini et prenais toujours garde aux positions que je prenais, afin de ne pas laisser voir ces marques qui m'embarrassaient. Je refusais même de me regarder dans le miroir.

Un soir, lorsque Tony rentra, je lui fis part de mon idée d'avoir recours à la chirurgie plastique pour me faire remodeler les seins. Tony eut tôt fait de me dire que ce n'était pas nécessaire, qu'il m'aimait comme j'étais. Mais moi, je ne m'aimais plus et n'étais plus bien dans ma peau. Il ne fut pas d'accord avec mon idée, mais il ne m'interdit pas cette intervention chirurgicale, puisqu'il disait ne vouloir que mon bien.

Je vis donc un chirurgien afin de prendre les dispositions nécessaires à ce changement. Je ne souhaitais pas des seins plus gros, mais plus fermes. Je suis tout de même passée de la taille B à C. La première opération se révéla rapidement un échec, puisque mon corps rejeta les prothèses de silicone. Après une seconde intervention, où on me remplaça les prothèses, tout alla bien pendant quelques jours. Mais une hémorragie interne força mon admission d'urgence à l'hôpital ainsi qu'un séjour d'une semaine. Si Tony n'était pas arrivé, par hasard, à la maison, je serais décédée de cette hémorragie. On me retira de nouveau ces prothèses pour m'en placer une troisième paire. Un autre rejet me poussa à changer de spécialiste, afin d'obtenir enfin un bon résultat.

Pour me renseigner davantage, je fis le tour de plusieurs bars de danseuses nues, puisqu'il est connu que nombre de ces filles ont des seins artificiels. Une amie qui pratiquait ce métier me présenta certaines collègues, à qui je posai des questions. Toutes me dirent de consulter un chirurgien esthétique de renom. C'est lui qui pratiqua la quatrième intervention chirurgicale qui donna à mes seins la forme qu'ils ont encore aujourd'hui. Je fus toujours très satisfaite de ces formes. Toute cette aventure m'aura néanmoins coûté 12 000 $.

Mais étant donné la réussite de cette intervention et le résultat étonnant, je retournai voir le chirurgien pour savoir s'il y avait quelque chose à faire avec les vergetures qui désavantageaient mon ventre. Il m'expliqua que toutes les vergetures disparaîtraient, mais que j'aurais une cicatrice horizontale sur l'abdomen. Tony était contre cette autre chirurgie et me caressait le ventre pour me prouver qu'il l'aimait comme il était. Mais moi, je n'étais pas bien dans ce corps. Aujourd'hui, je crois que ce n'était qu'une diversion pour oublier la solitude dans laquelle je vivais et l'ennui qui m'assaillait. Je fis finalement faire cette autre intervention chirurgicale, à ma grande satisfaction.

## Les disputes

Plus le temps filait, plus la relation entre Tony et moi battait de l'aile. Je me sentais moins que rien avec lui. Il ne me confiait rien et il m'arrivait même d'apprendre beaucoup de choses de la bouche de ses collègues de travail, de ses employés ou de ses amis. C'était très frustrant et je sentais que je comptais peu pour lui. Il passait beaucoup plus de temps dans les bars et dans son commerce qu'à la maison. Les disputes s'accumulaient à ce sujet, mais jamais nous n'avons vidé la question et réglé le différend : Tony ne disait rien, nous nous endormions là-dessus, et poursuivions notre vie le lendemain sans avoir fait le point.

Un jour où j'avais téléphoné à Tony au travail et où il me fit savoir qu'il n'avait pas le temps de me parler, j'ai décidé alors de me rendre au garage pour lui parler *de visu*. Je le surpris à boire une bière avec quelques collègues de travail. Cette fois-là, je le sortis du garage par la cravate, devant ses employés, pour lui dire ma façon de penser dehors. Pour ses employés, Tony était un homme bon, un patron exemplaire qui les faisait bien vivre. C'est moi qui passais pour folle dans cette affaire, parce que, évidemment, Tony ne leur racontait pas tout et ils ne connaissaient pas le fond de l'histoire...

Après l'avoir abreuvé d'insultes devant ses amis, je montai dans ma voiture pour foncer dans la sienne à plusieurs reprises. Je fuis ensuite pour aller me saouler dans un bar. Nous n'avons jamais reparlé de cet incident.

À la suite d'une violente dispute, j'avais résolu de quitter notre maison de Longueuil. Tony avait fracassé un miroir près de la porte d'entrée lors de la dispute. Après avoir rempli mes valises, je me dirigeai vers la porte. Tony, qui était au second étage, sauta du haut de la mezzanine pour me barrer le chemin et ainsi m'empêcher de partir. Il me prit dans ses bras et me plaqua sur le divan. Il demeura muet, mais, en pleurant, il retira les éclats de verre qui s'étaient enfoncés sous mes pieds. Sans rien régler, sans avoir une discussion sur le sujet, nous sommes allés nous coucher et avons poursuivi ainsi notre vie commune.

Nous vivions dans l'abondance. Les affaires de Tony se portaient mieux et il faisait beaucoup d'argent. Il en dépensait aussi énormément. Nous possédions une somptueuse maison en banlieue, deux voitures de luxe et nous ne nous privions de rien. Pour passer mon ennui, je dépensais. Je me rendais dans les centres commerciaux et achetais tout ce qui me tombait sous la main. Des marques de prestige, des vêtements de collection et de la marchandise dernier cri. Il m'arrivait d'en acheter en deux ou trois exemplaires. Souvent des biens dont je ne me servais jamais. Je dilapidais l'argent compulsivement, afin de combler le vide intérieur et d'apaiser la douleur de ma solitude. J'engloutis ainsi 28 000 $ en neuf mois.

Pour mon vingtième anniversaire, Tony me fit un chèque de 5 000 $ à dépenser comme bon il me semblerait. Mais pour moi, ce n'était pas un véritable cadeau, puisque dépenser, c'était ce que je faisais à longueur d'année. J'aurais de beaucoup préféré un cadeau qu'il aurait lui-même choisi et emballé pour moi. Même un simple T-shirt à 10 $! Au moins, cette petite attention aurait fait en sorte que je me serais sentie appréciée. Ça aurait évité bien des dépenses inutiles...

**La poudre**

De plus en plus, je faisais garder mes enfants par ma mère pour sortir. Bien qu'elle avait été impitoyable avec moi tout au long de ma jeunesse, je la savais très généreuse et responsable avec mes enfants. Je crois qu'elle tentait de reprendre le temps perdu. Ceci explique pourquoi je n'hésitai pas à les lui laisser pendant que je sortais. J'avais résolu de ne pas laisser ce privilège à Tony mais de m'en prévaloir. Je me mis ainsi à sortir et à boire. Je fréquentais une amie, Brigitte, qui consommait de la cocaïne. Elle m'en offrait, mais je me refusais à tomber dans cette habitude que je savais nocive. Je préférais m'en tenir à l'alcool.

Un soir où j'étais dans un bar avec elle, elle m'en offrit une nouvelle fois. Pour la première fois, je ne sus résister à la tentation de cette drogue encore inconnue de moi.

– Ah! Pis envoye donc!

C'est elle qui me prépara ma première ligne de poudre blanche, dans la salle de bains de l'établissement où nous étions. Évidemment, j'appréciai l'effet. Avant même de l'avoir respirée, j'étais saoule et je savais que ma soirée était terminée, c'est-à-dire que j'avais atteint ma limite et que je ne pouvais boire davantage. Mais la cocaïne m'enlevait l'effet de l'alcool, m'éveillait et me rendait capable de poursuivre la fête. Tout à coup, je n'étais plus fatiguée. Ce que j'aimais dans cette substance, c'est qu'elle me permettait de faire la fête plus longtemps, de geler mes émotions et mes problèmes sur une plus longue période.

Après cette première soirée passée à prendre de la cocaïne avec Brigitte, j'en gardai toujours sur moi, dans mon sac à main. Ainsi, les soirs de solitude, alors que les enfants étaient couchés et que Tony était absent, je buvais jusqu'à ce que je n'en sois plus capable et, par la suite, je consommais ma cocaïne pour prolonger ma soirée.

Tony ignorait tout de cette consommation de cocaïne. Je cachais mes sachets de poudre dans mon sac à main ou dans mon portefeuille, là où il n'allait jamais mettre son nez. Nous avions beaucoup d'argent et Tony était habitué à me voir dépenser aveuglément, ce qui explique qu'il ne se rendit jamais compte que je me payais de la cocaïne. Mais il devait bien s'en douter, ne serait-ce qu'en raison de mon étrange comportement.

De plus en plus, je fréquentais les bars et je faisais la fête. Je me rendis compte que je plaisais. Avec mes jolis seins et mon ventre sans vergetures, j'avais confiance en moi. J'étais aussi une fille qui aimait la fête et qui aimait bien être la meneuse de ces *partys*. Comme lorsque j'étais enfant, j'aimais encore me faire remarquer. L'aspect physique était devenu très important pour moi. Le «paraître» dominait le «être». Tout ce qui comptait à mes yeux, c'était la beauté physique, l'aspect extérieur des gens et des choses. J'étais belle, j'avais de l'argent, une belle voiture et une luxueuse demeure. Tout pour oublier mes malheurs, les enfouir très loin. Je n'étais pas heureuse pour autant... Mais jamais, toutefois, je ne trompai Tony avec un autre homme.

## Miss Acapulco

Tony et moi avions projeté un voyage de deux semaines à Acapulco. C'était un projet qui m'emballait au plus haut point.

C'était l'occasion pour moi d'aller faire la fête au chaud, en bikini, en laissant derrière moi tous mes problèmes du Québec. C'était aussi mon baptême de l'air. Mais peu avant notre départ, Tony m'annonça une mauvaise nouvelle.

– Nathalie, Acapulco, oublie ça! J'ai bien trop d'ouvrage et je n'ai pas le temps d'y aller!

– Si tu ne peux pas y aller, reste, mais moi je pars!

Contrarié, Tony me donna quand même son accord, mais je savais qu'il disait ça parce qu'il croyait que je n'irais pas vraiment, sans lui. Lorsqu'il vit que je m'organisais effectivement pour y aller, la frustration s'empara de lui. Il paya tout de même mon voyage en m'indiquant clairement plus tard que si j'y allais, notre relation se terminerait ainsi.

– Vas-y, mais ne reviens plus à moi! Si tu y vas, c'est terminé entre nous!

Notre relation battait de l'aile depuis longtemps et cela ne pouvait plus continuer ainsi. Alors je choisis de faire le voyage quand même. J'y allai avec deux amies, Chantal, une fille de mon âge plutôt bien roulée, et sa sœur aînée Pauline, qui était plus grassouillette, calme et réservée. Chantal n'y demeura qu'une semaine, alors que Pauline et moi y restèrent deux semaines.

Peu avant mon départ, j'eus une discussion avec ma mère, dans laquelle je lui avouai que je n'étais plus en mesure de m'occuper de mes enfants. À contrecœur, je brandissais le drapeau blanc. Je lui demandais par le fait même de garder mes enfants à ma place, jusqu'à ce que je me sois reprise en main. Ma mère était compréhensive et se sentait valorisée par cette requête. Je lui dois énormément pour cette période de ma vie. J'ignore ce que j'aurais fait si elle n'avait pas été là pour prendre soin de mes enfants. Je crois qu'elle était en mesure mieux que quiconque de voir à quel point je souffrais intérieurement, puisqu'elle était passée par ce type de vie plus jeune. Je n'osais croire qu'elle se réjouissait de voir que je me cassais royalement la gueule. Je confiai donc mes enfants à ma mère jusqu'à ce que je sois en mesure de les reprendre. Pour l'instant, la drogue, l'alcool et la fête prenaient tout mon temps.

À Acapulco, je portais des bikinis qui m'avantageaient drôlement. Évidemment, j'étais le point de mire des autres vacanciers et des Mexicains, qui aimaient bien les jeunes et jolies poulettes blanches. Je me plaisais bien dans ce rôle de *sex-symbol*. Tous les regards se tournaient vers moi, me valorisaient énormément. Cela déposait un peu de baume sur mes plaies. On ne m'avait jamais aimée pour ce que j'étais intérieurement, alors j'acceptais volontiers qu'on apprécie mon extérieur.

Chantal me boudait et pleurait même, tant elle était jalouse que tous les hommes me regardent plutôt qu'elle. L'atmosphère devint froide et tendue jusqu'à ce qu'à un moment, nous nous sommes expliquées et elle s'excusa pour son comportement. Dans le fond, elle ne m'en voulait pas, mais était triste de son sort, tout simplement.

Un soir de nos vacances, nous étions dans un bar d'Acapulco où se tenait un concours «Miss Acapulco». On nommait ainsi la demoiselle qui serait la plus acclamée par la clientèle et qui serait la vedette du club pour l'année suivante. De nombreux Mexicains vinrent me voir pour m'inciter à poser ma candidature pour le titre. Même Chantal, qui était avec moi, insistait pour que je m'inscrive au concours. Pour ma part, je n'étais pas là pour ça, mais je me laissai tenter par l'aventure et m'y suis tout de même inscrite.

Après quelques rondes d'éliminations, je remportai le premier prix. On me remit un trophée et on prit des photos de moi que l'on afficha dans le bar pendant un an, jusqu'à ce qu'une autre Miss Acapulco soit désignée. J'étais très surprise d'avoir gagné, puisqu'il y avait de très jolies filles qui compétitionnaient à mes côtés.

Mon voyage à Acapulco fut une fiesta en règle. Je buvais et consommais de la marijuana à profusion. Je voulais ainsi avoir du plaisir, mais surtout oublier tous mes soucis. Je n'avais pas la tête tranquille quand je pensais à mon retour à Montréal, puisque je savais ma relation avec Tony terminée.

Deux semaines après le début de cette fiesta royale, Pauline et moi sommes rentrées au bercail. Je m'ennuyais drôlement, assise dans mon siège de première classe. Et Pauline, l'intellectuelle, qui lisait son livre sans m'adresser la parole... En allant à la salle de bains, je remarquai, au fond de l'avion, un groupe de jeunes hommes avec qui j'avais fait la fête à Acapulco. Ils avaient l'air de bien s'amuser et faisaient jouer de la musique dans l'avion, même si c'était interdit. Je m'approchai d'eux pour m'amuser un peu. Devant eux, il y avait un vieil homme qui ne semblait pas apprécier le boucan fait par notre groupe. Je lui offris donc d'aller prendre mon siège, en première classe, s'il acceptait de me céder le sien, ce qui le ravit. La commissaire de bord m'avait déjà servi plusieurs cocktails et je commençais à avoir bien du plaisir... Le voyage de retour fut très plaisant.

Lorsque, au micro, on annonça notre descente vers Montréal, je revins vite à la triste réalité de ma vie. Je souhaitai même un moment que l'avion s'écrasât... Je m'attendais un peu à voir Tony à mon retour. En fait, je l'espérais. En descendant de l'avion, je regardai par les fenêtres et vit mon frère. Seulement lui. Tony brillait par son absence. Mon frère avait oublié mon manteau et mes bottes. Déjà, je me sentais peu importante pour eux : mon frère oubliait mes vêtements, Tony et ma mère n'étaient pas présents. Il me conduisit chez ma mère, où ils étaient tous réunis, avec Daphné et Marco. Tony avait résolu de vivre chez ma mère, plutôt que d'habiter seul notre grande maison de Longueuil. Je sentis que je dérangeais. J'imaginais qu'ils avaient dû s'obstiner à savoir qui allait avoir la pénible tâche d'aller me chercher à l'aéroport. Tony était toujours fâché parce que j'avais fait le voyage.

## Frédérique la sensuelle

Tout ça me convainquit que je ne reviendrais pas avec Tony. Lui et moi, c'était bel et bien terminé. Je devais me tourner de bord sans tarder, prendre un appartement et faire ma vie sans lui. Je louai alors un luxueux appartement sur la rue Dickson, dans l'est de la ville. Des rénovations venaient d'y être effectuées et j'étais la première locataire. J'avais un grand bain tourbillon pour moi seule. Le hic : l'appartement me coûtait 800 $ par mois! Et je n'avais pas d'emploi qui pouvait me permettre d'acquitter mon loyer mensuel. Je louai l'appartement en me disant que je serais ainsi forcée à trouver du travail.

Rapidement, je me mis à sortir avec des amies, notamment Nathalie, une amie qui travaillait comme danseuse nue. Son copain était aussi dans ce milieu et dansait nu dans un club chic pour femmes. Inévitablement, ils me présentèrent des gens de ce milieu. Je fis le tour des bars de danseuses nues. Je compris leur fonctionnement et je démystifiai ce travail. Je vis à quel point il leur rapportait de l'argent. Ils gagnaient très bien leur vie. Je commençai à me rendre compte qu'en les imitant, je pourrais moi aussi recouvrer ma liberté financière et mon autonomie, et de cette façon remplir mes engagements financiers. Acculée au pied du mur, je me décidai à tenter ma chance dans ce domaine. C'était la solution facile et rapide dont j'avais besoin. Je décidai donc de devenir danseuse nue à mon tour.

Le gérant du bar Super Sexe, le plus chic club de danseuses nues de Montréal, Jean-Claude, me connaissait parce que Nathalie me l'avait présenté. Je le rencontrai un après-midi dans son bureau du troisième étage pour une entrevue d'embauche. Il me demanda quelques renseignements personnels avant d'exiger que je retire mes vêtements pour prendre une photo de moi. Terriblement gênée, je le fis. Je me retrouvai donc complètement nue devant un étranger, pour la première fois. Heureusement, j'avais pris soin de boire quelques verres avant de m'y présenter, ce qui facilita les choses. Jean-Claude me dit que je pouvais commencer à travailler dès le week-end suivant.

Au cours des jours précédant le début de ma nouvelle «carrière», je me pratiquai à danser de façon sensuelle chez moi. Je dansais devant le miroir ou dans le salon. Mon amie

Nathalie m'encourageait et me rassurait, à l'approche de ma première journée de travail. Elle me disait de ne pas m'inquiéter, que ça viendrait tout seul. Je fis aussi l'achat de quelques vêtements *sexy*, puisque j'avais résolu de devenir la meilleure.

Le soir fatidique venu, je pris quelques verres avant de commencer mon travail. Mon tour de danser sur la scène arriva, je devais m'exécuter sur deux chansons : une première où je n'étais pas forcée de dénuder mes seins ou mon pubis, mais une seconde où je devais retirer soit mon bustier, soit encore ma culotte. J'étais très nerveuse. J'aimais qu'on me trouve belle, mais me montrer nue était une tout autre paire de manches. Je demandai même au gérant si je pouvais demeurer vêtue lors de mes deux premières danses, ce qu'il me refusa. Je décidai toutefois de danser avec un voile ou une couverture, afin de camoufler le plus possible mes parties intimes. J'adoptai le pseudonyme de Frédérique pour mes prestations sur scène. La première chanson fut *Someday*, de Mariah Carey et la seconde, *Joyride*, de Roxette. Bien que je craignais beaucoup ma propre réaction, ainsi que celle des clients à la suite de ma première performance, je ne crois pas avoir déçu. Je m'exécutai avec le plus de naturel possible pendant une dizaine de minutes, après quoi les applaudissements fusèrent. Je descendis de la scène réconfortée.

Rapidement, je me fis remarquer. D'abord parce que j'étais nouvelle, mais surtout parce que j'étais différente des autres. Je n'avais pas le profil ou le *look* d'une danseuse, avec un petit sac à main sous le bras et un tatouage à la cheville. J'étais une fille ordinaire, surtout pas vulgaire. Et le fait que je ne me dévoilais jamais totalement piquait la curiosité de ces messieurs. J'étais bien différente de certaines filles exhibitionnistes qui ouvraient les jambes dans le but que les clients voient les moindres replis de leur vagin! Je donnais davantage un spectacle sensuel que pornographique, ce qui était apprécié de la clientèle.

J'ai connu des personnalités publiques du monde artistique, du sport et des affaires. Toutes des personnes très riches qui avaient le moyen d'entretenir une danseuse nue au tarif de 100 $ de l'heure. C'était effectivement mon tarif si un client voulait que je demeure auprès de lui durant la soirée. Sinon, je faisais des danses aux tables à raison de 5 $ par chanson, ce qui, avec les pourboires, me procurait un salaire très décent. Je gagnais en moyenne de 300 $ à 400 $ par soirée de travail, mais j'eus la chance de faire des soirées très rentables allant jusqu'à 700 $. Évidemment, au noir, donc à l'abri de l'impôt.

Durant cette période, je me fis des contacts intéressants. Un éminent architecte et homme d'affaires venait régulièrement me faire danser ou simplement acheter ma compagnie pour toute la soirée. Lorsque je le voyais se pointer au Super Sexe, je savais que je ferais une bonne soirée. Il y demeurait trois ou quatre heures, ce qui me rapportait 300 $ ou 400 $, sans compter l'argent que j'avais réussi à accumuler avant son arrivée et après son départ. Et chaque fois qu'il venait, c'était toujours moi qui bénéficiais de sa générosité.

## Le *Canadien*

Un soir, une serveuse vint me faire un message.

– Fred, peux-tu aller voir les messieurs de la grande table dans le fond? Chanceuse : ce sont des gars du Canadien de Montréal!

J'avais décidé de terminer ma soirée, mais lorsque j'appris que c'étaient des clients aussi prestigieux et qu'ils m'avaient choisie en plus, j'ai décidé de faire quelques heures supplémentaires. Avant d'aller les trouver, j'ai pris le soin d'enfiler un magnifique *tuxedo* blanc en dentelle, question de leur plaire davantage. Stéphane Richer, qui était assis au bord de la table, avait la responsabilité de faire passer une bonne soirée à ses coéquipiers en belle compagnie. Après les présentations d'usage, il me fit une demande qui m'étonna.

– Verrais-tu un inconvénient à remettre l'ensemble que tu portais plus tôt, lorsque tu étais sur la scène?

Sa demande m'étonna et me ravit à la fois. C'est que j'avais compris dans cette requête qu'il ne souhaitait pas voir que mes fesses, puisque cet ensemble qui l'avait allumé en cachait davantage que mon *tuxedo*. La suite de la soirée fut dans la même veine.

Je discutai avec eux, fis des farces et eus bien du plaisir. Après quelques chansons, je me dis qu'il fallait bien que je danse un peu, au tarif où j'étais payée. Lorsque je voulus m'exécuter, Stéphane Richer me dit que ce n'était pas nécessaire, que ma seule compagnie suffisait. J'appréciai beaucoup cette remarque, parce qu'elle prouvait que ce n'était pas mes fesses qui les intéressaient. À la fin de la soirée, Stéphane et moi avons échangé nos numéros de téléphone.

Je ne crus pas vraiment qu'il allait me rappeler, moi, une simple danseuse nue. Je croyais qu'il m'avait demandé ces renseignements uniquement par politesse. Mais j'eus tort. Je crois que j'avais quelque chose de particulier qui me faisait me démarquer des autres. Il me téléphona rapidement et nous avons fait bien des sorties ensemble. Je l'accompagnais dans des tournois, au restaurant, dans des discothèques. Évidemment, il ne me rémunérait pas pour l'accompagner. C'était mon *chum*. Nous nous sommes fréquentés ainsi pendant un an et demi. Nous nous louions des chambres d'hôtel luxueuses et nous passions de bons moments. Stéphane me traitait comme une princesse. Il avait beaucoup de respect pour moi et il m'estimait. Jamais, parce que j'étais une danseuse nue, il ne s'est empêché d'aller quelque part avec moi. Il me disait que j'avais de belles lèvres, qu'il aurait aimé les placer sur une plaque en or et l'accrocher sur un mur de sa chambre à coucher! Contrairement à ce qu'on pouvait penser de lui à l'époque, il ne consommait aucune drogue. Il prenait un coup, ça oui, mais pas de drogue. Et il avait un beau corps, athlétique et musclé. Même la Sainte Vierge ne lui aurait pas dit non!

Je travaillais énormément et je gagnais beaucoup d'argent. Je consommais considérablement aussi. Les joints, l'alcool et la cocaïne faisaient partie de mon quotidien. J'allais chez moi uniquement pour dormir, me laver et manger un peu. Chaque soir lorsque je rentrais (en fait, c'était presque le matin!), je croisais un gardien de sécurité d'une des caisses Desjardins, juste en face de chez moi. Il a été témoin de nombreuses fois où je suis entrée et où j'avais de la difficulté à entrer ma clé dans la serrure.

J'allais régulièrement prendre un repas au restaurant Capri, avec mon ami Louis, le samedi. Je lui confiais mes problèmes, mes angoisses, mes peines et mes joies. Je lui parlai aussi de ma liaison avec Stéphane Richer, ce qui réjouit Louis, qui fut bien content pour moi. Évidemment, je ne consommais aucune drogue lorsque je le rencontrais, puisque je voulais ainsi éviter qu'il apprenne quelle vie je menais. Nous avions convenu de tout nous dire, mais j'avais si peur qu'il me balance s'il apprenait que je prenais de la cocaïne, que je préférais faire une entorse à notre entente initiale.

Louis l'apprit tout de même d'un des employés du restaurant qui m'avait vue alors que mes comportements étaient modifiés par la drogue. Louis eut tôt fait de m'écarter de sa vie, ce qui ajouta à mon désarroi. J'avais trahi sa confiance en ne lui confiant pas ce fait, ce qui l'avait déçu.

## Le cancer

J'allais voir mes enfants chaque jour. Ceux-ci et Tony demeuraient chez ma mère, mais c'est elle qui avait soin de mes chérubins. Je me sentais terriblement coupable de les laisser ainsi à quelqu'un d'autre, mais j'étais incapable de bien m'en occuper. La drogue, l'alcool, les *partys* et mon travail prenaient trop de place dans ma vie pour que je puisse m'occuper convenablement de mes enfants. Au moins, j'avais été assez responsable pour m'en apercevoir et les confier à quelqu'un de confiance. Du moins, c'était la seule personne à qui je pouvais vraiment les confier, toutes mes amies menant le même type de vie que la mienne. Et que dire de mes tantes...

Toute ma famille demeurait ensemble et s'était liguée contre moi. Elle avait probablement raison d'estimer que je menais une mauvaise vie, mais moi, à cette époque, je ne le voyais pas ainsi. J'étais aveuglée par la souffrance qui m'habitait et par toutes les substances que je consommais. Je me foutais bien de ce qu'on disait de moi et je faisais ce que je voulais.

Frédérique était pour moi une évasion. J'avais ainsi créé un personnage en qui se cachait la véritable Nathalie. J'étais sortie du corps de Nathalie pour intégrer celui de Fred. J'avais changé de nom et de vie pour tout oublier de ma vie réelle. Fred était célibataire et n'avait pas d'enfants. Je cachai à toutes mes nouvelles connaissances, tant à mes collègues de travail, à mes clients, qu'à Stéphane Richer, le fait que j'avais des enfants. Et ça, je me sentais terriblement coupable de le faire. Mais de dire le contraire aurait été leur avouer être la femme irresponsable que j'étais, alors que tous voyaient en moi une jeune femme magnifique et amusante, frôlant la perfection. J'avais peur d'être jugée comme j'avais jugé ma mère toute ma vie. Je pleurais fréquemment à regarder mes enfants. Je savais qu'ils ne recevaient pas l'éducation qu'ils méritaient, mais je n'aurais pu leur offrir mieux. Ils étaient parfois sales, étaient gâtés, mangeaient du chocolat à profusion, ne se brossaient pas les dents et laissaient traîner leur linge partout. Ma mère reprenait le temps perdu: alors qu'elle avait été trop sévère avec moi, elle n'avait aucune autorité sur eux, ce qui n'était guère mieux. Mais une chance qu'elle était là, ma mère...!

Je comprenais que j'avais jugé ma mère toute ma vie et que j'étais en train de faire pire qu'elle. Ma mère avait bu, avait fait la fête, avait négligé et abandonné ses enfants, avait fréquenté les bars, mais elle n'avait jamais dansé nue! Dans ce sens, je faisais pire qu'elle et ça me décourageait. Mais en même temps, j'étais incapable de faire mieux.

Puis, j'appris que Jacques, le copain de ma mère, le seul que j'aimais, était entré d'urgence à l'hôpital pour des maux de ventre et des vomissements. Les médecins avaient diagnostiqué un cancer des poumons qui dégénéra en quelques jours. Jacques mourut cinq jours plus tard! Avant de partir, il m'avait dit que la morphine qu'on lui administrait était la Cadillac des drogues. Rien à comparer avec les joints que nous fumions ensemble! J'ai passé deux jours à son chevet, sobre. Je suppliais les médecins de lui donner davantage de morphine, parce qu'il avait peine à respirer. Mais c'était inutile, puisqu'il était sur ses derniers milles. Dans un semi-coma, il se demandait à haute voix qui allumait les lumières, en se cachant le visage. Je crois que c'est la lumière du paradis qu'il voyait. Il marmonnait des paroles étranges alors qu'on ne lui adressait même pas la parole.

– Oui. Oui, je suis prêt...

Je voulais être là, présente, à ses côtés, lorsqu'il allait rendre l'âme. Mais pour l'une des rares fois, je m'étais assoupie. Ma mère me réveilla en m'annonçant la terrible nouvelle.

– Nathalie, c'est fini!

J'étais si peinée par la mort de Jacques que je fis presque une dépression. Je dus aussi soutenir ma mère durant cette difficile épreuve. Cet incident fut une bonne raison pour reprendre de plus belle ma consommation effrénée d'alcool et de cocaïne. Par contre, je pris un virage différent dans mon travail. Je constatai avec l'expérience que je pouvais gagner presque autant d'argent en travaillant comme serveuse qu'en étant danseuse nue. Autant d'argent sans montrer mes fesses au premier venu faisait bien mon affaire. L'ennui, c'est que je n'avais jamais fait ce travail!

Au cours de mes nombreuses virées, j'avais connu l'un des patrons du Cocktail Super Club de la rue Shaughnessy, à Montréal, l'un des clubs les plus branchés de la métropole. Puisqu'il me connaissait, que j'étais jolie et qu'il avait confiance en moi, il m'embaucha malgré mon inexpérience. J'abandonnai donc le milieu des danseuses nues après avoir travaillé au

Super Sexe, chez Parée et à l'Axe pendant un peu plus d'un an et demi. Je me retrouvai seule derrière mon bar, au Cocktail. Tous m'appelaient Fred. J'incarnais toujours ce personnage libéré, cette fille jeune et dynamique, populaire à souhait, cette doublure qui faisait bien mon affaire. J'appris les rouages du métier «sur le tas», dans les heures de grande affluence, mais j'appris rapidement.

Comme ce fut le cas au Super Sexe, je dégageais un magnétisme mystérieux qui attirait à mon bar les clients les plus connus, les plus en vue et... les plus riches. Stéphane Richer, que je fréquentais alors beaucoup moins, emmenait tous ses amis au bar. Je devins la barmaid la plus populaire en un rien de temps. Cette affluence à mon comptoir me valut des soirées où les pourboires pouvaient se chiffrer de 200 $ à 300 $, en moyenne. J'établissais des records que les autres barmaids ne savaient franchir. Par exemple, lorsque la chanson *The Rythm of the Night* passait, je quittais mon bar pour aller me donner en spectacle sur les haut-parleurs. Si le personnel me regardait comme une extraterrestre, les clients raffolaient de mes folies et je devenais encore plus populaire. Rapidement, *The Rythm of the Night* fit sortir et danser tous les employés de la place, le temps de quelques minutes! C'était devenu un rituel qui se produisait à chaque soirée, au grand plaisir des clients.

Mais je me défonçais toujours autant, devant un patron qui fermait les yeux tant j'étais efficace et populaire. Je créai aussi une autre mode, celle des tournées entre *barmaids*. Entre l'heure où nous arrivions pour préparer notre bar et l'arrivée des premiers clients, je payais une tournée de *shooters* à tous les employés. Puis, c'était au tour des autres. Il en résultait qu'avant même qu'un seul client n'ait mis les pieds dans la boîte, j'avais au moins cinq verres derrière la cravate. Je prenais aussi de la cocaïne durant la soirée, dans la salle de bains ou dans l'arrière-boutique.

Le gérant, Michel, un culturiste émérite, tentait de me séduire. Il fréquentait mon bar et me courtisait. Il tenait des propos salaces à mon égard et disait qu'il me baiserait comme pas un homme ne l'avait fait jusque-là. Je le trouvais bien amusant. Mais je voulais tenir bon et ne pas céder à son stratagème, toutefois je tombai tout de même dans ses bras. Michel était un homme sain: il s'alimentait bien et ne prenait ni drogue ni alcool. Il me plaisait beaucoup.

Avec Michel, je vécus une véritable lune de miel sexuelle. J'expérimentai de nouvelles choses et lui fis faire des jeux sexuels inusités. Michel acceptait de coopérer avec moi sur le plan sexuel sans rechigner, parce qu'il connaissait mon passé de fillette abusée, l'époque Racine et les conséquences qu'elle avait eues sur moi. Il était donc très indulgent et acceptait mes propositions curieuses, ce qui me permit de mieux connaître ma sexualité et de mieux me comprendre sur ce plan. Michel me fut d'un grand soutien et il fit preuve d'une générosité sans bornes. Il me libéra des craintes sexuelles qui m'habitaient depuis tant d'années. Lui et moi parlions beaucoup. Il avait une formation en psychologie, ce qui rendait sa conversation intéressante. J'ai beaucoup discuté de Georges Racine avec lui. Il m'incitait même à le dénoncer et à entamer des procédures contre lui. J'avais envie de le faire, mais j'en étais incapable à cette époque.

Même à Michel, je n'avouai pas que j'avais deux enfants que j'avais abandonnés chez ma mère. J'étais la super-Fred. Nathalie? Connais pas!

## Trop, c'est trop!

Plus ça allait, plus Fred fuyait Nathalie. Je buvais et je me droguais à profusion. Il n'était pas rare que je ne puisse même pas terminer ma soirée de travail. On me retrouvait parfois couchée face contre terre dans l'arrière-boutique ou encore malade à la salle de bains. Michel m'était d'un grand secours. Discrètement, afin que les clients ne sachent pas ce qui m'arrivait, on me sortait par la porte arrière du club. Michel me conduisait chez lui pour que j'y passe la nuit. Jamais il ne me faisait la morale. Le lendemain, parfois, nous en parlions. Bien qu'il n'approuvât pas totalement mon mode de vie, je crois qu'il comprenait mon désarroi.

Vers la fin des dix mois au cours desquels je travaillai au Cocktail, la déprime commença à s'emparer de moi. Même si j'avais l'air d'une fille pour qui la vie était une fête, j'étais terriblement malheureuse et totalement détruite à l'intérieur. Je savais que cette vie ne me menait nulle part. À plusieurs reprises, en circulant sur le pont Jacques-Cartier, j'eus envie de donner un coup de roue et de faire un plongeon dans le fleuve pour en finir. J'écrivis de nombreuses lettres de départ sans pour autant avoir le courage de me suicider.

Les employés du Cocktail commençaient à en avoir assez de moi et de mes excès. Quand je consommais et que je savais me contenir, il n'y avait aucun problème. Mais à partir du moment où on dut me sortir par la porte arrière, les choses changèrent. On me trouvait moins drôle et leur attitude envers moi se modifia.

Dans cette période, j'eus aussi deux accidents de voiture qui me firent réfléchir. L'un, plus grave, me mena à l'hôpital, où je dus demeurer plusieurs jours. Un face-à-face sur la rue Jean-Talon me valut une photo et un article dans le *Journal de Montréal*. Sur la photo, on me voyait blessée et inconsciente, prisonnière de ma voiture. Les pompiers durent intervenir pour me sortir de cette fâcheuse position. On me fit des massages cardiaques et on m'installa des tubes un peu partout, ce qui permit de me garder en vie. Tous croyaient que j'en mourrais. Je fus plus que chanceuse de m'en sortir indemne. Lors de mon admission à l'hôpital, j'étais dans un semi-coma. J'eus une large coupure au front, la peau d'un bras arrachée, et un genou perforé par une clé. Mon visage était très enflé. Une cicatrice près de l'œil gauche témoigne encore de cet accident.

Plusieurs signes me disaient que c'était assez, que je devais faire quelque chose de ma vie. Je ne pouvais plus continuer comme ça. Ma vie se dirigeait tout droit vers un fiasco. À continuer à vivre sur ce train d'enfer, c'était la mort qui m'attendait à coup sûr.

Je pris donc quelques décisions pour me replacer dans le droit chemin. Je quittai mon emploi au Cocktail Super Club et cessai de fréquenter Michel. En fuyant ainsi le Cocktail, je croyais pouvoir aussi fuir la drogue et l'alcool. Le milieu aussi. Mais il n'en fut rien. J'étais incapable de cesser ma consommation, ce qui me ramenait inévitablement dans les bars, soir après soir. Je sortais et continuais à faire la fête parce que je ne pouvais faire autrement. Mais au fond de moi, je voulais me sortir de cette vie folle. M'en sortir voulait aussi dire faire face à la réalité. J'avais abandonné mes enfants et je ne pouvais me pardonner cette faiblesse. Je continuai donc à consommer pour fuir cette difficile réalité. Le cercle vicieux se referma sur moi.

# Chapitre 9

# Mourir ou me prendre en mains

Après un soir de fête, j'en eus assez de cette vie sans lendemain. Je me voyais mal poursuivre ma vie sur ce rythme infernal. À quatre heures du matin, je me suis rendue chez ma mère, désespérée. Tony ne dormait pas. Je suis entrée dans sa chambre et ai voulu avoir une bonne discussion avec lui. J'étais au bout du rouleau. Mais Tony n'était pas un grand «jaseux». De plus, je n'étais pas en condition pour parler de façon rationnelle.

– Il est tard, Nathalie. Dors et on en reparlera demain.

Dès le lendemain, je lui demandai de m'aider à me trouver une maison de thérapie. N'importe où, mais il fallait que je me sorte de cette vie misérable. Je ne pouvais plus concevoir que j'abandonnais mes enfants, eux qui étaient pourtant la prunelle de mes yeux. Je ne voulais plus passer la soirée de l'Halloween le nombril à l'air, déguisée, au Cocktail, alors que mes enfants n'avaient pas de mère pour faire le porte-à-porte avec eux. Ou je mourais, ou je m'en sortais. Et j'avais choisi de tenter la seconde solution.

**Le nouveau départ**

Tony était d'accord pour m'aider dans mes démarches, mais il insista pour que ce soit moi qui fasse les gestes concrets. Je fis donc des appels dans diverses maisons de thérapie, afin de trouver un endroit pour me désintoxiquer de cet alcool et de cette cocaïne qui circulaient dans mes veines depuis près de trois ans. Je fis des approches au Pavillon du nouveau point de vue, à Lanoraie, non loin de Joliette. Avec Tony, je m'y rendis pour visiter l'endroit. Mais j'avais pris soin d'emmener mes effets personnels avec moi, puisque j'avais l'intention de tout faire pour y rester. Et ce fut ce qui se produisit.

Ma thérapie dura 28 jours. Il s'agissait d'une cure fermée. J'étais l'une des rares femmes dans un groupe d'hommes. Comme ce fut le cas partout où j'étais passée dans ma vie, je plaisais. Les hommes me trouvaient de leur goût et se mirent à me draguer. Moi, je ne voulais pas de leurs avances, j'étais là pour faire le ménage de ma vie, pas pour ajouter des problèmes à ceux que j'avais déjà. Je dus alors mettre tout ça au clair avec eux.

– Arrêtez de me regarder comme un morceau de viande. Je souffre, moi aussi. Je suis ici pour faire une thérapie et je veux la faire en paix!

J'étais franche et directe comme je le fus toujours. Je découvris au cours de ces 28 jours que le malaise qui m'habitait était beaucoup plus profond qu'une simple ligne de coke ou qu'un simple verre de Tequila. Trois personnes étaient au cœur de mon malaise: ma mère, Georges Racine et Frédéric. Ils ont, tous les trois, refoulé l'enfant que j'étais. Je compris que j'avais été catapultée dans une vie d'adulte bien avant l'âge. J'avais été forcée de suivre une ligne que je n'avais pas moi-même tracée. J'avais emprunté un chemin qui n'était pas le mien. Tout au long de ma vie, je n'avais que réagi à tout ce qui m'arrivait, en versant des larmes dans l'ombre.

Je découvris que j'avais manqué d'amour de la part de la personne la plus importante de ma vie: ma mère! Celle que j'avais le plus aimée, mais aussi celle que j'avais le plus haïe. Je compris que j'étais devenue son miroir! Un miroir où l'image déformée qu'il reflétait était encore pire!

Un jour, au cours de cette thérapie, je me suis décidée à téléphoner à ma mère pour lui faire part de ce que j'avais compris et lui dire que je comprenais la détresse dans laquelle elle se trouvait quand j'étais jeune. À la fin de la conversation, je lui dis des paroles que je ne lui avais pas dites depuis des lunes.

– Je t'aime, maman.

– Tiens, Tony arrive. Je te le passe...

Elle avait fait la sourde oreille et ne m'avait pas répondu. Comment pouvait-elle me répondre? Elle ne m'avait jamais exprimé ses sentiments. C'est un peu comme un coffre qu'on n'ouvre jamais : on l'oublie. Ma mère avait fait la même chose avec ses émotions. Elle avait esquivé le sujet et était passée à côté de la belle conversation que nous aurions pu avoir ensemble. Elle devait être bien mal avec cette patate chaude. Je compris qu'elle souffrait beaucoup elle aussi. C'est à partir de cet instant que je cessai de la juger.

Je terminai ma thérapie le 3 avril 1993. Après, je commençai une nouvelle vie. Je revins vivre chez ma mère le temps de louer un appartement. J'en trouvai un fait sur mesure pour moi, à Rivière-des-Prairies, dans l'est de la ville. Il n'était pas question pour moi d'aller travailler de nouveau dans les bars, pas plus comme *barmaid* que comme danseuse nue. Je me résignai donc à demander de l'aide sociale. Je pris le temps d'aménager l'appartement pour y recevoir mes deux enfants dès la fin des classes. C'est en juillet 1993 que je les ai récupérés.

Dans notre nouveau chez-nous, Daphné se fit rapidement une amie, Mélissa. Il s'agissait d'une fillette du voisinage avec qui elle s'entendait à merveille. Sa mère, une autre jeune femme prénommée Nathalie, et moi sommes devenues de grandes amies. Elle, qui avait approximativement le même âge que moi, avait été élevée dans la ouate. Elle avait un conjoint, une vie équilibrée, bref, une existence normale. Avec elle, je partageais souvent mes peines et mes souffrances, mes joies et mes bonheurs.

Nathalie m'apporta beaucoup. Tout en magasinant ou en échangeant des recettes, nous discutions. Elle fut l'oreille que je n'avais presque jamais eue. Elle m'écoutait sans me juger et me faisait un très grand bien. Pour ma part, je lui faisais prendre conscience qu'elle avait des parents qui l'aimaient et qui prenaient soin d'elle. Elle constatait à quel point elle menait une vie heureuse.

Je repris mes fréquentations avec Tony, qui vint finalement vivre chez moi. De nouveau, nous avions une petite vie de famille un peu plus normale. Il me trouva un emploi à temps partiel dans son entreprise de voitures d'occasion.

## Un retour en arrière

J'étais dans une phase où j'avais envie de régler bien des choses. J'avais vaincu mon problème de dépendance à la drogue et à l'alcool et j'avais mis le doigt sur le fossé qui me séparait de ma mère. Il me restait maintenant le cas de Georges Racine à régler. Et ceci allait passer par celui de Frédéric, ce travailleur social qui avait dit à ma mère que j'avais vécu les perversions de Racine uniquement dans ma tête.

Je décidai donc d'aller consulter mon dossier, aux archives du bureau du Directeur de la protection de la jeunesse. Selon la préposée, il était moins une...

– Vous êtes chanceuse, madame Hébert, puisque nous allions détruire votre dossier dans quelques mois...

J'obtins une copie de mon dossier, qui me rappela bien des mauvais souvenirs. Les fiches parlaient de mes nombreuses absences de l'école, de mes troubles de comportement, de ma violence, de ma dénonciation pour attouchements sexuels. Étrangement, à cet endroit précis, il manquait quatre pages à mon dossier. Je présume qu'on les avait détruites parce qu'il était question des abus qui n'avaient jamais été dénoncés et qu'on voulait ainsi éliminer des preuves. Le nom de Frédéric revenait souvent. Je m'informai alors s'il travaillait toujours pour la DPJ et on me répondit par l'affirmative. J'étais chanceuse, parce qu'après dix-huit ans, il aurait bien pu être décédé ou avoir pris sa retraite, mais non, il y était encore et «assurait» toujours la «protection» de la jeunesse.

Une question me hantait constamment : est-ce que Frédéric avait vraiment dit ça à ma mère ou avait-elle invoqué cette raison uniquement comme échappatoire? Je décidai d'en avoir le cœur net et de remonter à la source, c'est-à-dire le demander à Frédéric lui-même.

J'étais bien déterminée à l'affronter et à faire de même avec Georges Racine. Ma mère et Frédéric avaient piétiné en moi l'enfant que j'étais, m'avaient empêchée de vivre une jeunesse normale en refusant de me croire et en minant ma confiance envers les adultes. C'était maintenant mon tour, vingt ans plus tard, de prouver que j'avais raison et que j'avais bel et bien été agressée. Maintenant que j'étais mieux, je devais aller au fond des choses. Racine avouerait ce qu'il m'avait fait subir et une cour criminelle le punirait. Mon scénario n'était qu'une ébauche, mais il n'en était pas moins clair dans mon esprit.

Ma mère avait déjà parlé à Tony des agressions que j'avais subies et elle l'avait presque convaincu que j'avais tout imaginé. Ce dernier ne savait plus qui croire : ma mère ou moi? Quand j'appris qu'il doutait de moi, je fus furieuse et déçue. Même mon propre conjoint avait des soupçons! Je vis là une motivation de plus à me rendre jusqu'au bout pour leur prouver que ce que j'avais dit était vrai. J'avais la ferme intention de les mettre en face de la réalité. J'avais déjà vécu vingt ans à passer pour une fille qui ment, et c'était assez. J'étais même allée jusqu'à m'excuser d'avoir été abusée pour ménager les sentiments de ma mère. Et les miens, dans tout ça? Il fallait que ça sorte...

Ma première étape fut de prendre rendez-vous avec Frédéric. Mais pour ne pas qu'il se souvienne de mon nom et qu'il tente d'éviter de me rencontrer, je donnai une fausse identité à sa secrétaire, lorsque je pris un rendez-vous. C'est sous le nom de Chantal Leduc que je sollicitai une rencontre à son bureau. Heureusement, elle ne me posa pas trop de questions sur la nature de l'entretien que je souhaitais avoir avec lui. Je dis simplement que je souhaitais une consultation. Je l'obtins quelques jours plus tard, à dix heures.

## Face à face

Le jour venu, je me rendis sur la rue Ferland, à Sorel, pour ce rendez-vous. Il s'agissait de la première réelle étape de ces procédures que j'avais choisi d'entreprendre. J'avais des papillons dans le ventre tant j'étais nerveuse. Je donnai mon nom à la réceptionniste et attendis qu'on vienne me chercher. J'avais hâte de voir s'il allait me reconnaître. L'attente ne fut pas très longue, je le vis apparaître à travers une fenêtre donnant sur un couloir. Il n'avait pas changé et l'image que j'avais de lui dans ma mémoire était fidèle à la réalité. Avec sa sempiternelle barbe et les mêmes lunettes qu'à l'époque. Il me regarda d'un drôle d'air, comme s'il cherchait où il pouvait bien m'avoir vue. J'étais anxieuse, angoissée. Ma bouche était asséchée mais j'avais plus que jamais le désir de lui faire face. Je le suivis jusque dans son bureau et il referma la porte derrière nous.

Il s'assit et m'offrit de faire de même, mais je demeurai debout devant son bureau. J'avais le goût de le frapper.

– Me reconnaissez-vous? lui demandai-je sans préambule.

– Je sais que je t'ai déjà vue, mais je n'arrive pas à me souvenir où. Attends un peu...

– Ça fait dix-huit ans que tu ne m'as pas vue. Et je ne suis pas venue pour voir si tu portais les mêmes lunettes et la même barbe, tu sais...

Il me regardait, stupéfait. Il perdit son sourire. Il semblait se dire qu'il avait affaire à une folle.

– Nathalie Hébert, Frédéric. Je suis Nathalie Hébert. Nathalie Hébert, tu te souviens? Celle qui inventait des histoires? Celle qui vivait des agressions sexuelles dans sa tête?

Je vis dans ses yeux qu'il s'était soudainement souvenu de moi. J'étais arrogante et sarcastique, mais pas violente ou agressive. Je dirais plutôt ferme.

– Attends un peu, là, Nathalie...

– Celle pour qui vous avez décidé qu'elle avait tout inventé, même après que le médecin eut confirmé que j'avais été abusée, celle que vous avez forcée à changer de version, celle à qui vous avez arraché une partie de son enfance, c'est moi. Frédéric, à mes yeux, vous êtes aussi coupable que Racine!

– Attends un peu, là, Nathalie...

– Il y a une chose que je veux savoir: Est-ce vrai que vous avez dit à ma mère que j'avais vécu ces agressions dans ma tête?

– Oui, mais tu mélangeais tout, Nathalie, à cette époque...

– Quand une fillette de cet âge est victime d'abus sexuels pendant dix-huit mois, n'est-ce pas normal qu'elle soit un peu mélangée, hein?

Frédéric se tenait la tête à deux mains. Il devait croire que j'avais un .38 sous mon manteau et que je m'en venais lui faire la peau. Mais il n'en était rien. Je m'approchai de son bureau, puis de son visage pour lui parler sur un ton un peu plus doux, mais plus menaçant aussi.

– Écoutez-moi bien. J'ai vingt-cinq ans, je n'ai plus jamais été la même depuis votre intervention dans mon dossier, je me suis fait mal parce que vous m'avez fait mal. Regardez-moi bien aller. Je pars en chasse contre Racine et vous, vous allez suivre!

Je saisis alors mon sac à main et plaçai une main sur la poignée de la porte. Je lui lancai alors un dernier message avant de le quitter.

- Lisez-vous les journaux? Regardez-les dans les semaines à venir, puisque vous allez entendre parler de moi. J'espère, Frédéric, que si l'un de vos enfants est mélangé dans ses propos, vous allez l'écouter...

Là-dessus, je quittai les lieux. J'avais le cœur qui palpitait. Je ne dis au revoir à personne et me dirigeai vers l'ascenseur. J'étais fière de moi. J'avais été ferme et claire. Je m'étais prouvé que j'étais capable de le faire. Je décidai alors que je devais faire de même avec Georges Racine. Si j'étais capable avec Frédéric, je l'étais pour Racine... s'il vivait toujours!

Je retournai chez moi, à Rivière-des-Prairies. Arrivée à la maison, je me commandai une bouteille de vin du dépanneur, afin de fêter ça et de me relaxer un peu. La pression était trop forte et je cédai: ce fut la première fois que je bus après ma thérapie. J'avais hâte de raconter ça à Tony. Mais celui-ci doutait toujours. Il comprenait mal mon acharnement à débusquer cet homme.

**La visite**

Quelques semaines plus tard, je me mis sur les traces de Georges Racine. Je décidai donc d'aller me balader à Sainte-Julienne croyant bien reconnaître la maison où j'avais habité. Je n'avais aucune idée de l'adresse. Je savais encore moins si les Racine demeuraient toujours là. J'arpentai les rues en voiture, observant les maisons les unes après les autres. Je recherchais une maison blanche avec un long parterre de pelouse devant. J'appris plus tard que j'étais passée devant sans la reconnaître. Je m'arrêtai dans un restaurant pour prendre un café et, par le fait même, m'informer si quelqu'un ne connaissait pas des Racine, à Sainte-Julienne, mais la réponse fut négative. Je retournai donc à la maison bredouille, sans m'avouer vaincue pour autant.

Tony et moi préparions des vacances de trois semaines dans le Sud avec nos enfants, pour février 1994. Moi, je voulais aller en croisière, mais Tony et les enfants convoitaient plutôt la Floride et DisneyWorld. Un soir, Tony arriva à la maison avec des billets pour le voyage: deux semaines à DisneyWorld suivies d'une semaine en croisière. J'étais très contente : le compromis était plus qu'acceptable. J'avais décidé de mettre l'opération Racine sur la glace jusqu'à notre retour de vacances. Je me préparais à ces vacances de rêve, les plus belles de ma vie.

Mais environ une semaine avant notre départ, ce fut plus fort que moi, je devais savoir si Georges Racine demeurait toujours à Sainte-Julienne. Un après-midi, peu avant le souper, alors que j'étais seule à la maison, je me décidai à prendre le combiné du téléphone et à composer le 411. Je demandai à la standardiste de l'assistance annuaire pour un numéro au nom de madame Racine, à Sainte-Julienne. Durant la recherche, mon cœur palpitait. J'étais très anxieuse.

– J'ai un numéro à ce nom, madame.

– Pourrais-je vous demander si vous avez aussi l'adresse?

–Voici l'adresse..., madame. Voici le numéro...

J'étais persuadée que c'était le bon endroit, puisque ce nom de rue me disait quelque chose. Une autre petite victoire dans cette guerre personnelle que je livrais à monsieur Racine. J'avais obtenu son numéro de téléphone et son adresse. Il restait maintenant à voir s'il était toujours en vie...

Je ne pus attendre mon retour de vacances pour en savoir davantage et je composai immédiatement le numéro que je venais d'obtenir par le biais du service de la compagnie de téléphone. De nouveau, j'étais excessivement nerveuse. Pour la première fois depuis vingt ans, je touchais au but. Après quelques sonneries, une femme répondit.

– Oui, bonjour..

– Est-ce que vous êtes bien madame Racine?

– Oui. Qui parle, s'il vous plaît?

– Je ne sais pas si vous allez vous souvenir de moi, madame Racine, mais je me suis fait garder chez vous quand j'étais toute jeune.

– Attends un peu... Est-ce Chantal? Maryse? Dominique?

– Non, je suis Nathalie Hébert

– Mon Dieu du ciel! La petite Nathalie! Comment vas-tu? Qu'es-tu devenue?

Je n'avais vraiment pas le goût de faire la discussion avec elle. Tout ce que je voulais savoir, c'était si le bonhomme était en vie. Mais je devais user d'un peu de finesse. Je ne devais pas rater mon coup, puisque, s'il était vivant, mon but était de mettre les pieds chez lui. Je lui posai alors poliment quelques questions sur sa santé, ses enfants, puis je tentai le grand coup.

– Et votre mari, il va bien?

– Oui, le petit train-train... Il passe beaucoup de temps dans son garage...

Oui! Il était vivant! Une autre victoire! J'allais enfin pouvoir lui faire face, à condition qu'elle accepte de me revoir.

– Écoutez, madame Racine, ça fait très longtemps, j'ai aujourd'hui vingt-cinq ans... J'aimerais bien vous revoir et revoir l'endroit où j'ai passé une partie de mon enfance. Est-ce que vous accepteriez de me recevoir?

– Mais oui! Je comprends donc! Quand tu voudras, passe à la maison, mais sois gentille: appelle-moi avant, pour que j'aie le temps de faire un brin de ménage, tu comprends!

– Une seule chose, madame Racine: pourriez-vous garder secret cet appel, c'est-à-dire ne pas en parler à vos enfants ni à votre mari?

Madame Racine me parut surprise par cette mystérieuse demande, mais elle accepta sans poser de question.

Elle me confirma l'adresse que j'avais obtenue de la compagnie de téléphone et nous avons raccroché. Je sautais de joie dans le salon chez moi, en criant qu'il était vivant! En plus, je savais où il était et la porte de sa maison m'était grande ouverte! En pensée, je ne cessais de me répéter : «Je m'en viens!» Je téléphonai à Tony pour lui annoncer la nouvelle et il semblait bien heureux pour moi. Ce soir-là, j'étais remplie d'une étrange énergie : je fis le ménage de la maison au grand complet et un énorme repas pour toute la famille. Je filais le parfait bonheur... Racine était vivant! Et il n'allait pas tarder à savoir que je l'étais moi aussi!

# CHAPITRE 10

# Le moment de vérité

Je ne pouvais attendre plus longtemps pour me rendre chez cette bonne vieille dame. Dès le lendemain, je me pointai à Sainte-Julienne, après être allée conduire mes enfants chez ma mère. Je me rendis au restaurant du coin, d'où je téléphonai à madame Racine. Étrangement, elle ne faisait plus preuve du même enthousiasme que la veille. Au bout du fil, son ton était bizarre. Peut-être trouvait-elle que je me dépêchais beaucoup pour venir la voir ou alors je la dérangeais sur l'heure du dîner? Mais je crois que le malaise était plus profond. Elle avait dû se demander pourquoi, près de vingt ans après, je voulais brusquement m'immiscer dans leur vie. Elle devait se poser bien des questions. Peut-être même se doutait-elle de mes réelles intentions.

– Tu peux pas venir tout de suite, nous sommes en train de manger! me dit-elle.

– Prenez votre temps, madame Racine, j'ai toute la journée devant moi.

Je convins avec elle de la rappeler quelques heures plus tard. Je commandai alors un spaghetti-*smoke-meat* à la serveuse du restaurant où j'étais, mais je ne pus en avaler que quelques bouchées. J'avais mal au cœur et au ventre, tant la nervosité était à son comble. Malgré tous les fantômes de mon passé, j'étais déterminée à entrer dans cette maison-là. À un moment, je tentai ma chance auprès de la serveuse et lui demandai si elle connaissait les Racine. Ils lui semblaient inconnus. Je lui racontai alors que j'avais été agressée sexuellement par Georges Racine vingt ans plus tôt et que j'étais de retour à Sainte-Julienne pour ça aujourd'hui.

**Les retrouvailles**

Jamais deux heures ne me parurent aussi longues. Je téléphonai alors de nouveau à madame Racine et elle m'autorisa enfin à me rendre chez elle. Stationnée devant leur maison, je téléphonai à Tony, afin de lui dire que j'étais devant leur maison et que ça gargouillait dans mon ventre. Je lui fis part de la certitude que j'avais de trouver Georges Racine non pas dans sa maison, mais bien dans son garage, comme à l'époque où j'y vivais. Il me souhaita bonne chance en me répétant d'être prudente, puis je descendis de mon véhicule. J'allai cogner à la porte de la maison. Madame Racine m'attendait comme le jour où j'avais débarqué chez elle à six ans. Elle me prit dans ses bras, me fit l'accolade en soulignant que j'étais devenue une très jolie fille.

J'enlevai mes bottes et entrai. J'eus un drôle de *feeling* en mettant les pieds dans cette maison maudite. Certaines modifications avaient été apportées à la maison que j'avais connue. On y avait construit une rallonge et ajouté des divisions pour certaines pièces. Les murs n'étaient plus de la même couleur, ils avaient été repeints. Mais la même odeur y flottait toujours.

– Tiens, vous avez toujours votre aquarium sur le comptoir de la cuisine?

– Tu te souviens de ça, toi? T'as bonne mémoire, ma fille!

Si elle savait tout ce dont je me souvenais... Puis, elle poursuivit la discussion.

– Je ne me souviens peut-être pas d'autant de détails que toi, mais je me souviens que tu étais toujours sous ma robe, collée à moi comme un vrai petit chien de poche! Eh que tu étais fatigante!

Madame Racine disait cela avec le sourire. Moi, je riais pour la forme. Je poursuivis la conversation, hypocritement, question de savoir où était son salaud de mari.

–Vous êtes seule? Personne n'est avec vous?

Elle me donna alors des nouvelles de ses enfants. Louise demeurait maintenant dans la maison juste à côté, celle avec un toit orangé qui m'avait tant fascinée lorsque je demeurais là. Danielle restait toujours à Sainte-Julienne, mais dans une autre rue. Quant à François, il demeurait en appartement ailleurs.

– Pis votre mari?

– Oh, tu sais, Georges ne change pas, il est toujours dans son garage.

J'avais eu raison: il était bien dans son garage! Madame Racine ne se trompait pas, puisque son mari n'avait pas changé. Je n'étais vraiment pas à mon aise. Des sueurs froides me faisaient frissonner le dos. J'avais peine à me concentrer sur ce qu'elle me disait. Je pensais sans cesse à autre chose. Comment allais-je aborder le sujet? Puis, elle entama la conversation :

– Quand tu m'as téléphoné, je suis tombée sur des photographies de toi, alors que tu étais toute jeune. Attends, je vais aller te les chercher!

Elle ne trouva plus celle sur laquelle je figurais, mais en emmena d'autres de cette époque, sur lesquelles on voyait son mari avec des fillettes. Je m'étonnai de voir à quel point les enfants semblaient mal à l'aise près de Georges Racine. Elle me donna finalement une photo de sa famille, image que je pris plaisir à mettre au panier lors d'une crise à venir.

Je demandai à madame Racine si chaque pièce était toujours au même endroit, comme pour lui prouver que j'avais une mémoire saisissante. Puis, je lui demandai d'aller aux toilettes. Je m'étonnai de constater que les petits savons à pois n'y étaient plus. Je fus incapable d'uriner tant j'eus la nausée en levant le couvercle de la cuvette.

C'en était assez pour aujourd'hui. Je dis alors à madame Racine que je devais m'en aller.

– Reviens nous voir quand tu veux, Nathalie.

– Au fait, puis-je aller dire bonjour à votre mari au garage, avant de partir?

Elle accepta sans broncher. Bizarrement, dès que je fus sortie, elle se précipita à la fenêtre pour m'observer. Je cognai violemment dans la porte du garage que j'ouvris sans attendre l'accord de son occupant. Georges Racine était là! Enfin, je l'avais devant moi! Je fus surprise de le voir aussi petit, moi qui le voyais gros et grand avec mon regard d'enfant. Un bref instant, je crus que ce n'était pas lui. Mais rapidement, je le reconnus. Il jouait aux cartes et sirotait une bière lorsque j'entrai. Il se détendit comme un ressort. J'ignore si son épouse l'avait avisé de ma visite. Il faisait pitié et avait l'air honteux.

– Me reconnaissez-vous?

– Bien... oui... Je crois, du moins... Tu sais, on en a gardé beaucoup, hein...

Il frottait son chapeau nerveusement tout en fixant le sol timidement. Il me dit ensuite que sa santé n'était pas forte et d'autres banalités du genre. Puis, je l'attaquai de front :

– Regardez-moi bien, monsieur Racine. Ça fait vingt ans que je ne suis pas venue ici. Et je ne suis pas revenue uniquement pour voir votre maison, croyez-moi. On va se revoir, compris?

Je le quittai sur ces paroles qui en disaient long sur mes intentions. Elles devaient être suffisantes pour l'empêcher de dormir pendant quelques nuits...

## Une fille humaine

Lorsque je quittai le domicile familial des Racine, je me perdis dans ce village pourtant minuscule. Intérieurement, j'étais toute remuée. Je retrouvai finalement mon chemin et retournai chez moi, en pleurant. Je me demandais si je devais me rendre au poste de police et le dénoncer. J'en avais envie, mais je souhaitais faire ça avec plus d'éclat. J'avais envie de revenir le confronter, plus forte. Je me convainquis d'attendre encore avant de porter plainte contre lui. Je téléphonai alors à Tony une fois revenue à la maison.

– Je l'ai vu, Tony, je l'ai vu et je lui ai même parlé!

Je décidai par la suite d'entrer en contact avec Louise, la fille de Georges Racine, qui habitait à côté de ses parents. Je ne perdais pas mon objectif de vue: confronter mon abuseur devant sa famille et lui faire avouer ses crimes. Elle allait peut-être pouvoir m'être d'un grand secours.

Dès le lendemain, je communiquai avec elle.

– Bonjour, Louise, je suis Nathalie Hébert. J'ignore si ta mère t'a mise au courant de ma visite...

- Bonjour, Nathalie! Comme ça me fait plaisir de te parler! Oui, elle m'en a parlé et j'ai bien hâte de te rencontrer...

– Justement, c'est pour cette raison que je t'appelle. Crois-tu que nous pourrions nous rencontrer en privé?

Quelques jours plus tard, je partais en vacances et souhaitais qu'elle acceptât de me rencontrer rapidement. Louise travaillait à Repentigny et terminait son travail à quinze heures. Elle me proposa une rencontre dès le lendemain, après le boulot, dans un petit café.

Le lendemain, nous étions toutes les deux fidèles au rendez-vous. Elle m'expliqua d'abord sa surprise de me voir tout à coup débarquer dans leur vie. Je découvris en Louise une femme très humaine, le genre de femme avec qui j'aurais aimé avoir une relation amicale. Mais en raison du contexte, j'en aurais été incapable. Sans plus de préambule, je lui avouai la raison de ce rendez-vous.

– Louise, quand je restais chez vous, ton père m'agressait sexuellement.

– Je me doutais que c'était ça...

Ses yeux se remplirent de larmes. Elle ne pouvait croire que son père était l'un de ces vicieux que l'on voit à la télévision et dans les journaux. Elle lui en voulait terriblement et ne prenait nullement sa défense. Puis, elle se mit à pleurer et moi aussi. Je crois qu'elle partageait ma peine. Elle m'avoua que ce n'était pas la première fois qu'elle entendait parler d'une telle affaire sexuelle impliquant son père. Un petit garçon l'avait dénoncé plusieurs années plus tôt, le fils d'une amie de madame Racine. L'affaire avait été réglée «en famille» et ne s'était pas retrouvée devant la justice. Je lui expliquai ensuite, avec quelques détails, les bassesses auxquelles son père m'avait soumise: le traumatisme de la corde à danser, la motoneige et la fois où j'avais uriné près du lit de François, tant je craignais de redescendre faire pipi aux toilettes. Louise voulut connaître mes intentions précises quant à cette situation.

– Qu'est-ce que t'as l'intention de faire avec ça? Mon père a soixante-treize ans...

– Pour l'instant, je ne sais pas. Je pars en vacances trois semaines et je pourrais te téléphoner par la suite. J'aimerais beaucoup vous rencontrer, toi, Danielle et François.

– Je n'y vois pas d'inconvénient. Je vais leur en dire un mot et on se reparlera après tes vacances.

Louise et moi, nous nous sommes donné l'accolade avant de nous quitter. Nous ne savions plus quoi nous dire. Je crois qu'elle aurait tant aimé que je revienne dans leur vie en des circonstances plus heureuses. J'appréciai beaucoup sa réaction, son ouverture et sa collaboration.

Quelques jours après, je m'envolai pour la Floride. Mes deux semaines à DisneyWorld avec Tony, Daphné et Marco furent magnifiques. Je n'eus pas le temps de penser vraiment à Racine. Mickey, Minnie et Simplet, le cadet des petits nains de Blanche-Neige, occupaient tout mon temps. Je redevins l'enfant que j'avais rarement été. La dernière semaine, passée sur un bateau de croisière, fut un peu moins agréable. C'est que, loin de toutes les attractions de Disney, j'avais davantage de temps pour songer à toute cette affaire. Même si je tentais d'oublier toutes ces démarches pendant nos vacances, elles me rattrapaient. Je savais la confrontation imminente. Aussi, je bus passablement d'alcool sur le paquebot.

**Le rendez-vous**

Au retour, je mis à peine trois jours pour rappeler Louise. J'étais très décidée à rencontrer Georges Racine avec les membres de sa famille et à le confronter, pour les agressions dont j'avais été victime. Après quelques sonneries, elle répondit.

– Bonjour, Louise, c'est Nathalie Hébert.

Après quelques balivernes au sujet de mon voyage, nous sommes entrées dans le vif du sujet.

– Je voulais savoir si ça tient toujours pour la rencontre dont je t'avais parlé, avec Danielle et François...

– Oui, justement, Nathalie, j'en ai parlé avec eux et nous pourrions nous rencontrer dimanche prochain.

Dimanche prochain? C'était beaucoup trop loin! Je ne tiendrais jamais jusque-là! J'aurais souhaité une rencontre dans l'heure suivante, mais je savais bien que c'était illusoire. Je ne m'y opposai pas pour éviter d'éveiller des soupçons. Louise me suggéra de tenir la rencontre chez Danielle plutôt que chez elle qui demeure près de ses parents et j'acceptai. La semaine me parut durer une éternité.

Tony s'était proposé pour m'accompagner chez Danielle, mais je refusai. J'avais tout fait seule jusque-là; si près du but, je ne voulais m'encombrer de personne. Nous avions prévu la rencontre à treize heures, mais j'arrivai à Sainte-Julienne avec deux heures d'avance. J'avais très hâte d'y être enfin. Je me rendis au restaurant du camping Kelly pour y prendre quelques cafés. C'est en me dirigeant vers la caisse que j'aperçus la pile de journaux: *Le Journal de Montréal, Photo Police, Allô-Police*. J'eus dès lors une idée de génie: faire paraître Georges Racine dans les journaux, afin que les gens du village sachent qu'ils ont un pédophile dans leur patelin. Après ces deux heures interminables, je me rendis chez Danielle, à quelques rues de là.

Je tremblais de l'intérieur lorsque je garai mon véhicule dans l'entrée. Danielle habitait une petite maison au cachet vieillot. Par la fenêtre, elle me fit signe d'entrer par-derrière, ce que je fis. Louise, la seule que j'avais revue jusque-là, me présenta à Danielle et à François. L'atmosphère était froide. Je crois qu'ils étaient très nerveux eux aussi. Moi, j'arrivai là souriante, le teint basané, l'air détendu. Je semblais respirer la joie de vivre. Mais au fond de moi, ce qu'on ne voyait pas, c'était combien j'étais anéantie.

L'une des premières choses que je vis en entrant fut une grande baie vitrée qui donnait sur la cour. Je pensai alors que si monsieur Racine devait nier les faits que j'allais exposer devant lui, c'est par là que je l'expulserais. Je n'avais que ça en tête. Sur la table, le cendrier était plein, signe qu'ils étaient déjà là depuis un bon moment à discuter entre eux. La cafetière était pleine.

C'est Louise qui prit l'initiative d'entamer la discussion. Sans aucun préambule.

– On en a parlé... Nathalie, qu'est-ce que tu veux faire avec ça au juste? Mon père a 73 ans...

– Je vais être bien franche avec vous et je ne vous raconterai pas d'histoires. Je veux qu'on le fasse venir ici. J'ai envie d'en parler avec lui.

Pendant de longues secondes, tous les trois demeurèrent silencieux. Louise et François fixaient la table. Danielle ne disait pas un mot. J'avais bien hâte de savoir s'ils allaient le protéger en refusant ma demande, ou s'ils allaient accéder à ma requête et aller le chercher. C'est finalement François qui, le premier, rompit le silence.

– Bien tabarnak, qu'il s'en vienne!

Il se leva, soudainement plus agressif. Et il poursuivit dans la même veine.

– Qu'il s'en vienne tout de suite. Qu'il manie son cul! Téléphonez-lui!

Pendant que Danielle faisait une nouvelle carafe de café frais, que François vidait le cendrier, Louise appela chez ses parents.

– Môman? C'est moi. Toé pis pôpa, il faut que vous veniez chez Danielle tout de suite. Nathalie Hébert est ici et vous devez venir tout de suite.

En raccrochant, Louise dit qu'ils s'en venaient. Quelques minutes plus tard, une voiture entra dans le stationnement. Je faisais dos à la porte. La nervosité montait en moi. La porte de la maison s'ouvrit. Madame Racine était seule. Je suis convaincue, aujourd'hui, qu'elle savait très bien ce qui se tramait.

–Votre père est occupé au garage et n'avait pas le temps de venir...

Cette déclaration parfaitement idiote mit le feu aux poudres. François se leva et haussa le ton devant sa mère.

– Le sais-tu, môman, que papa faisait des affaires sexuelles à Nathalie, hein?

La femme ne répondit pas. Elle ne parut nullement surprise et ne tenta pas plus de nier cette allégation pourtant incendiaire. Puis, ses premières paroles furent pour tenter de minimiser la portée de mes accusations.

– En tout cas, Nathalie, je ne sais pas pourquoi tu as attendu si longtemps. Non, je ne comprends pas. Pourquoi vingt ans plus tard?

Elle ne savait pas, elle, qu'on ne décide pas de dénoncer un agresseur sexuel comme on décide d'aller faire son marché ou d'aller promener le chien!

–Vous souvenez-vous que j'étais toujours dans vos jambes, madame Racine? C'est que j'avais besoin de sécurité, d'assurance. C'est parce que le soir, quand vous alliez nourrir vos cochons d'Inde, votre cochon de mari en profitait pour monter me trouver et m'agresser!

## La confrontation

Pendant ces discussions, Louise était partie en trombe pour aller chercher son père. J'entendis une voiture arriver dans le stationnement. Je me sentais bien. J'avais le contrôle de la situation et je maîtrisais mes gestes et mes paroles. Enfin, je me tapais cette revanche que je m'étais promise depuis vingt ans. J'avais bien l'intention de lui montrer ce qu'était l'humiliation, ce avec quoi je vivais depuis si longtemps. C'était maintenant à son tour de passer par là. J'avais mal commencé ma vie, c'était à son tour de mal terminer la sienne.

Lorsqu'il entra, il évita de croiser mon regard, fixant le sol. Il s'assit près de son épouse sans mot dire, en caressant le chien de Danielle. Il aurait pu me saluer, pour faire comme si de rien n'était, pour faire comme s'il ignorait ce qu'il venait faire là, mais il n'en fut rien. Je lui demandai alors de changer de place, afin de l'avoir en face de moi. Il savait ce que j'étais venue faire là. Tout était prêt pour la confrontation rêvée. C'était l'acte final et c'était mon tour de dire ma réplique.

– Me reconnaissez-vous, ou faut-il que je me déshabille?

Cette phrase sortit de ma bouche toute seule, sans préparation aucune. Elle avait donné le coup de barre nécessaire. Une douche froide à tous les spectateurs. Je me devais de le laisser répondre avant de poursuivre. Georges Racine me répondit en se grattant la tête avec son chapeau.

– Oui! Oui, je te reconnais...

– Là, monsieur Racine, vous allez avouer devant votre famille que vous veniez m'agresser dans mon lit. Ou alors c'est moi qui vais le raconter en détail. Vous êtes chanceux: je vous vouvoie et je vous laisse le choix. Saisissez votre chance!

– C'est vrai que je t'ai agressée, mais moi aussi, j'avais un oncle qui me faisait ça...

Cet aveu partiel fit sursauter son épouse, qui répliqua aussitôt, incrédule.

– Tu ne m'avais jamais parlé de ça! C'est qui, cet oncle-là?

Il était évident qu'il s'était ouvert cette porte de sortie dans le simple but d'excuser son geste. Mais il ne l'avait pas ouverte assez grande puisqu'il s'est cloué le nez dessus. Personne ne le crut. Danielle poursuivit en pleurant :

– Je ne peux pas croire que tu as fait ça! Combien de fois? Avec combien d'enfants? Comment je dois me sentir, moi, avec ma petite fille que tu voyais souvent? Je ne sais pas ce que je vais faire...

Puis, ce fut au tour de François :

– Comment ça que tu faisais des affaires avec des petites filles? Tu n'étais pas satisfait avec maman?

Quant à madame Racine, elle pleurait. Elle dévisageait son mari avec un paire d'yeux, en voulant dire «pas encore»!

Louise renchérit :

– Tabarnak, quand je pense qu'on veut les tuer quand on voit leurs photos dans les journaux, ces pédophiles-là, et que là j'en ai un devant moi et que je ne fais rien...

Georges Racine fut subitement saisi et répliqua à cette allusion soudaine aux médias.

– Ne mêlez pas les journaux à ça, là...

Il ne croyait pas si bien dire en parlant des journaux. Dans mon esprit, c'était clair que les médias étaient la prochaine étape que j'allais franchir. Pour ma part, monsieur Racine n'avait pas fini d'en baver. Il avait dit «oui», ce qui constituait un aveu. Il avait reconnu que les abus avaient bel et bien eu lieu. Pour moi, ce n'était qu'un début.

Tout le monde pleurait. Toute la famille était en furie contre le paternel. Georges Racine était bombardé de questions de toutes parts, d'insultes et de commentaires. C'est comme si j'avais jeté un os au milieu d'une meute de chiens affamés et qu'ils se bagarraient pour l'avoir, alors que moi je me tenais en retrait. J'avais semé la pagaille et je les laissais se chamailler. Mon but était atteint: il avait avoué ses crimes.

Je pris alors mon téléphone cellulaire que j'avais déposé sur le coin de la table et composai le numéro de ma mère, où se trouvait aussi Tony. Tous deux savaient que j'allais chez les Racine.

– Maman? Attends, je te passe monsieur Racine.

Je lui tendis alors l'appareil pour qu'il avoue ses crimes à ma mère aussi. Ce geste, c'était l'enfant en moi qui le faisait. C'était comme pour dire à ma mère: «Regarde, maman, ce que je te dis depuis vingt ans, c'est vrai. Ce n'était pas dans ma tête!» Cette fois, elle me crut. Pour la première fois. Elle qui avait douté de moi toute ma vie, elle me croyait enfin.

– Pourquoi t'as fait ça à ma fille, espèce de vieux pervers?

– Bien, madame, ça n'avait pas l'air de la déranger...

C'est tout ce qu'il avait trouvé à dire pour sa défense. Puis, ma mère lança une volée d'insultes à Georges Racine. Il n'en crut pas ses oreilles. À plusieurs mètres du combiné, j'entendais pourtant ma mère crier. Racine n'avait pas l'air ébranlé outre mesure par les insultes de ma mère. Lorsque je repris l'appareil, Tony était au bout du fil.

– Sors de là, Nathalie.

– Je m'en viens. J'ai fini ici.

Je me levai et me dirigeai vers la porte. Voyant que je partais, Louise cria après son père.

– Bien voyons, pôpa! Tu vas pas la laisser partir comme ça sans rien dire?

Monsieur Racine se leva et me tendit la main d'une façon peu convaincante. J'eus l'impression qu'il le faisait davantage pour éviter de perdre la face devant ses proches plutôt que par sincérité.

– Je te demande pardon. Veux-tu me serrer la main?

Je répondis à cet effort par la négative. Je n'avais nullement le goût de toucher aux mains souillées de ce pédophile.

– Je suis une alcoolique-toxicomane en rétablissement et je le resterai toute ma vie. Je ne guérirai jamais de cette maladie. C'est la même chose pour un agresseur sexuel: c'est une maladie. Monsieur Racine, vous devriez vous faire soigner.

Puis je m'adressai aux enfants Racine:

– J'espère que quand des enfants vont s'asseoir sur les genoux de votre père, vous serez assez intelligents pour rester aux alentours...

Puis je sortis. Je montai dans ma voiture. J'étais fière de moi, fière d'être demeurée la tête haute, sans perdre le contrôle de la situation, sans broncher. C'est toutefois en pleurant que je revins chez moi. J'eus la tentation d'aller voir les policiers, mais je ne le fis pas. Porter plainte officiellement n'était pas une mince affaire. Je devrais tout raconter, dans le détail, envisager un procès. Ça demanderait beaucoup d'énergie. Et puis Georges Racine avait 73 ans...

## CHAPITRE 11

# Une heureuse conclusion

Le printemps 1995 fut une période de renouveau pour moi. L'affaire Racine avait connu des développements, et un vent positif soufflait sur ma vie. Je me sentais davantage épanouie. Tout semblait vouloir bien aller pour moi et j'en étais très heureuse.

### Le show-business

Je retrouvai alors Diane Juteau, une amie de longue date et conjointe du musicien Daniel Hétu. Ils venaient tout juste de revenir d'un long séjour en Floride et comptaient s'établir de nouveau au Québec. Cette incessante envie de chanter et de faire carrière dans le show-business me tenaillait toujours. Puisque tout allait bien pour moi et que j'avais confiance en mes moyens, j'acceptai l'offre de Daniel et commençai à chanter et à travailler un peu avec lui, dans sa maison de Montréal, ainsi que dans le petit studio que je venais d'aménager chez moi, dans une nouvelle maison que nous avions acquise, à Saint-Sauveur-des-Monts. Puis, il me choisit pour l'enregistrement d'une chanson devant faire partie d'une série de pièces pour la comédie musicale *God is a Woman,* destinée à un théâtre de Broadway. Nul besoin d'expliquer combien j'étais flattée.

Tony voulait que je chante à tout prix. Il aimait me voir heureuse de la sorte. Il souhaitait me faire plaisir et faire en sorte que je réalise ce rêve. Un jour, il offrit à Daniel de tout laisser tomber et de travailler uniquement sur un album pour moi. En contrepartie, il lui versait un salaire de 300 $ par semaine. Je travaillai un certain temps avec Daniel.

L'affaire Racine m'obsédait et me mettait les nerfs à vif. Comme je l'ai mentionné plus tôt, je m'étais remise à boire. Pas de façon immodérée et pas très fréquemment, mais lorsque je buvais, c'était des quantités considérables. Je fis aussi deux rechutes de cocaïne, mais sans plus. J'étais lucide et presque toujours sobre. Il me fallait un petit remontant de temps à autre. Rien à voir avec l'époque de mon voyage à Acapulco, du Super Sexe ou du Cocktail Super Club!

Cette période me vit beaucoup plus sérieuse. J'élevais bien mes enfants et je voyais à leur bonheur. J'avais décroché un emploi d'agent au sol, chez Air Transat. C'était un emploi stable, régulier, ce dont j'avais besoin. Mais le stress de toutes ces procédures faisait en sorte que j'avais de la difficulté à accomplir mon travail adéquatement. Plutôt que de me faire mettre à la porte, je préférai remettre ma démission, en septembre 1995.

Puis, des incompatibilités de vues entre Daniel Hétu et moi, sur le plan professionnel, mirent fin à notre entente. Je n'aimais guère le style qu'il voulait donner à mes chansons. Je préférais un son plus moderne.

Je décidai alors d'aller cogner à la porte d'un autre musicien renommé, Guy Saint-Onge. Celui-ci avait fait les belles années de *Ad Lib*, avec Jean-Pierre Coallier et avait travaillé avec Gregory Charles, à *CHA BA DA*. Je ne le connaissais pas, mais j'avais réussi à obtenir son numéro de téléphone. Je lui téléphonai donc pour lui expliquer mon cas. Je voulais qu'il entende ma voix et qu'il jette un coup d'œil sur les chansons que j'avais composées. Il ne fut pas difficile à convaincre et je me rendis chez lui peu de temps après. Il aima beaucoup mes chansons.

Nous nous sommes liés d'amitié pendant un court moment. J'allais le voir à TVA et je participais à des séances à son studio. J'aimais être dans ce milieu et fréquenter des gens qui ne vivaient que pour la musique. Mais Guy était très occupé par la préparation d'un album, par des galas et des téléthons. Il n'avait malheureusement pas le temps de s'occuper de moi. Nous n'avons donc jamais fait de productions ensemble.

## Une femme angoissée

C'est aussi durant cette période que je fis plusieurs crises d'angoisse. Je ressentais fréquemment des symptômes inquiétants. J'étais étourdie, j'avais le teint livide, je ressentais des palpitations cardiaques et j'avais la nausée. Je refusais cependant d'aller consulter un médecin, puisque j'étais convaincue qu'il découvrirait une grave maladie. Je refusais d'entendre que j'allais bientôt mourir.

À deux reprises, je fis des crises majeures qui nécessitèrent une hospitalisation d'urgence. Une première fois, alors que j'étais chez ma mère, Tony m'emmena à l'hôpital Jean-Talon parce que je n'allais pas bien. J'avais les mêmes symptômes que ceux d'une crise cardiaque. Mon bras était engourdi. J'étais certaine de mourir. J'avais interdit à Tony de révéler au médecin par quel genre d'émotions je passais ces temps-ci, afin de ne pas passer pour folle. Je voulais à tout prix qu'il trouve une cause physique à mes problèmes.

Après une série d'examens, le médecin m'interrogea en ces termes :

– Serait-il possible, madame, que vous viviez de très grandes émotions?

Il avait vu juste. Il diagnostiqua alors une crise d'angoisse, dont les symptômes s'apparentent beaucoup aux crises cardiaques. En clair, toutes les émotions que l'affaire Racine m'avait fait vivre se traduisaient aujourd'hui par de telles crises d'angoisse. Pour me guérir, il m'a prescrit uniquement du repos.

Quelques mois plus tard, alors que j'étais avec Tony à Saint-Sauveur-des-Monts, dans les Laurentides, j'eus une autre importante crise d'angoisse. Nous nous étions couchés vers les vingt-trois heures et, deux heures plus tard, je me réveillai. J'étais trempée de sueur, étourdie et mon bras gauche était de nouveau engourdi. Mon cœur battait la chamade. Je me suis rendue à la salle de bains pour vomir, mais ne réussis pas à le faire. Je me recouchai alors, pour tenter d'oublier ces malaises et de m'endormir, mais en vain.

Quelques minutes plus tard, je dus me lever pour demander à Tony qu'il appelle une ambulance. Je n'en pouvais plus et j'étais encore convaincue de mourir. Je vomis juste avant l'arrivée des ambulanciers. À l'Hôtel-Dieu de Saint-Jérôme, on diagnostiqua une seconde fois une crise d'angoisse aiguë. On me prescrivit des médicaments pour contrôler cet état.

La semaine qui suivit, je la passai à dormir. Le *burn-out* total. Tony investit une fortune en suppléments alimentaires de toutes sortes. Combinés aux médicaments prescrits par le médecin, ces suppléments me permirent de me remettre sur pied une semaine plus tard.

**La grande décision**

Porter plainte ou non contre Georges Racine. Telle était la question qui me tenaillait jour après jour. J'avais un certain sentiment du devoir accompli, après être allée confronter Frédéric à Sorel, puis Georges Racine à Sainte-Julienne, mais c'était comme s'il manquait quelque chose, comme si ce n'était pas encore tout à fait réglé. Et je me voyais bien mal à quarante ans avec des remords pour ne pas avoir fait telle ou telle chose. Je ne suis pas tellement de ce genre...

Je m'arrêtai donc au poste 51 de la police de la Communauté urbaine de Montréal pour déposer une plainte officielle. Le préposé à l'accueil me fit rencontrer le détective responsable des cas d'agressions sexuelles. Ce dernier m'indiqua dès lors qu'il ne pouvait consigner ma plainte, puisque les crimes n'avaient pas été commis à Montréal. En sachant où j'avais subi les abus, il m'indiqua d'entrer en rapport avec les policiers de la Sûreté du Québec, détachement de Rawdon, puisque les crimes de Georges Racine avaient été perpétrés sur leur territoire.

Revenue à la maison, je me décidai donc à communiquer avec Rawdon. Je demandai à parler au policier responsable des crimes sexuels et j'aboutis à Clément Brunelle, un détective d'une vingtaine d'années d'expérience. Après une brève discussion, il me fixa un rendez-vous rapide, pour le lendemain 17 mars 1995. En portant plainte contre Georges Racine, je poursuivais trois buts bien précis: être reconnue comme une victime, que justice soit rendue et que mon agresseur purge une peine de prison. Dans mon esprit, rien n'était plus clair.

Monsieur Brunelle était petit, un homme au front dégarni et portant une moustache et des lunettes. Il me parut sympathique au premier coup d'œil et je ne me trompai pas. Dans un bureau, il me fit part de mes droits, des conséquences possibles, et il me mit au courant des procédures qui allaient suivre. Il me mit aussi en garde contre certaines déceptions que je pourrais essuyer tout au long du processus. Il m'avisa aussi de ne pas m'attendre à ce que Georges Racine ait une sentence très sévère, s'il devait être reconnu coupable, en raison notamment de son âge. Il me prévint qu'il était très possible qu'il ne purge pas une seule journée de prison, même en allant jusqu'au bout du processus.

J'étais frustrée d'entendre ça, puisque je refusais qu'on prenne en considération son âge actuel. Pourquoi ne considérerait-on pas l'âge qu'il avait au moment des abus? Je sentais déjà que les lois étaient faites pour les accusés. Mais qu'à cela ne tienne, en accord avec mon caractère fonceur et persévérant, je décidai d'aller de l'avant et de déposer officiellement ma plainte.

Pendant près de quatre heures, je répondis aux questions du policier Brunelle. Une expérience plutôt difficile que de raconter, pour l'une des premières fois de ma vie, des expériences aussi traumatisantes qu'intimes, et ce, à un parfait inconnu. Je pleurai à de nombreuses reprises et je dus faire plusieurs pauses pour me permettre de reprendre mes esprits. Le policier Brunelle alla me chercher de l'eau et du café. Je dois avouer que Clément Brunelle était une soie, un policier au grand cœur qui savait comment négocier avec des victimes, des personnes désemparées comme je l'étais. Un homme très humain, au cœur d'or. Il noircit ainsi pour moi onze pages qui constituèrent ma divulgation des faits.

Ce n'est qu'à la fin que je lui expliquai toutes les démarches que j'avais jusque-là entreprises. Je lui dis aussi que Georges Racine avait avoué, devant toute sa famille, les ignobles actes sexuels auxquels il s'était livré sur moi, alors que j'étais enfant. Je lui remis les noms, adresses et numéros de téléphone de tout ce beau monde. Voilà! Une grande partie de son enquête était faite! Monsieur Brunelle était estomaqué de voir à quel point j'étais structurée, combien j'étais tenace, et que je prenais mon cas à cœur. Il est plutôt rare qu'une victime d'abus sexuels s'intéresse à ce point au dossier. Il est davantage coutumier de laisser tout ça entre les mains de la police et du procureur de la couronne. Il me dit même qu'en dix-neuf années de service, il avait rarement, sinon jamais, vu ça. J'étais encouragée. Je tins à être tenue au courant de toutes les démarches et progrès faits dans mon dossier et il accepta de me téléphoner dès que quelque chose de nouveau se produirait. Il me prévint toutefois qu'à ce stade, c'était le moment pour moi de décrocher et de lui laisser faire son boulot tranquille. S'il croyait que j'allais laisser mon projet de côté à partir de cet instant, il se mettait un doigt dans l'œil. Il ne connaissait pas Nathalie Hébert...!

Avant que je ne le quitte, il m'expliqua la suite des événements. Georges Racine allait être interrogé, puis un procureur de la couronne allait se pencher sur mon dossier et ensuite décider s'il y avait matière à accusations criminelles.

Quelques jours plus tard, Clément Brunelle prit contact avec moi pour m'informer du fait qu'il s'était rendu arrêter monsieur Racine et qu'il l'avait amené au poste de police, menottes aux poignets. Il m'informa aussi qu'un substitut du procureur général avait autorisé le dépôt d'accusations criminelles contre lui. À la suite de son arrestation, on l'avait relâché et il allait avoir le privilège de demeurer en liberté dans l'attente de son procès. Georges Racine allait cependant devoir se présenter à la cour le 3 août 1995, pour sa première comparution, au Palais de justice de Joliette.

Je jubilais. Je me rapprochais lentement, mais sûrement, de mon but. Jusque-là, tout fonctionnait comme sur des roulettes. Tout ce que j'avais entrepris avait été couronné de succès. J'imaginais Georges Racine, menotté, monter dans la voiture de police... Je souhaitais que les procédures à venir aillent aussi bien.

Quelques jours plus tard, je me présentai au poste de police de Rawdon, afin de prendre connaissance des aveux écrits de Georges Racine. J'étais curieuse de voir ce qu'il avait raconté aux policiers. Il avait tout avoué, et même davantage. Il soulignait qu'au terme des agressions complètes qu'il me faisait subir, il éjaculait dans mon vagin et parfois sur mon ventre, des choses dont je ne me souvenais guère. Le seul hic, c'est qu'il minimisait le nombre total des agressions qu'il avait commises à mon égard. Selon lui, il ne serait venu dans ma chambre qu'à huit reprises!

Sur le formulaire de dénonciation figurant dans son dossier, au Palais de justice de Joliette, on avait libellé le texte des accusations de la façon suivante:

«1. À Sainte-Julienne, district de Joliette, entre 1974 et 1975, a commis un viol à l'endroit de N. H.. (1968-05-08), commettant ainsi une infraction prévue à l'article 144 du Code criminel.

2. À Sainte-Julienne, district de Joliette, entre 1974 et 1975, a tenté de violer N. H. (1968-05-08), commettant ainsi une infraction prévue à l'article 145 du Code criminel.

3. À Sainte-Julienne, district de Joliette, a illégalement attenté à la pudeur de N. H. (1968-05-08), commettant ainsi un crime à

l'endroit d'une enfant de moins de quatorze ans, prévu à l'article 149 du Code criminel».

## L'humiliation

Mais comme Clément Brunelle m'en avait avertie, je ne devais pas me faire d'illusions quant à une éventuelle sentence. Je craignais que mes démarches soient des coups d'épée dans l'eau. Je redoutais que justice ne soit pas rendue pour l'unique raison que je n'avais porté plainte que vingt ans après les faits. C'est à ce moment-là que je décidai d'utiliser les médias pour faire connaître mon histoire.

Ma démarche avait d'abord un but d'information. J'estimais qu'il était d'intérêt public que la population sache que la DPJ avait erré en me plaçant chez les Racine, alors que j'avais besoin de protection. Le fait qu'un vieil homme, chef d'une famille d'accueil par surcroît, soit accusé d'agression sexuelle vingt ans après les faits devait attirer les médias. C'est du moins ce que je souhaitais. J'avoue aussi que c'était une bonne façon, légitime et parfaitement légale, d'administrer une première sentence à Georges Racine. Si le tribunal devait être clément, au moins l'opinion publique aurait été mobilisée. De plus, je pensais aux enfants qui fréquentaient peut-être encore monsieur Racine et qui étaient peut-être à sa merci. Je tenais à mettre en garde les parents. Je me devais d'être convaincante auprès des médias, pour ne pas manquer mon coup.

Une quinzaine de jours avant la comparution de Georges Racine, je pris contact avec plusieurs journalistes pour leur raconter mon histoire et les convier à assister à sa comparution. Je parlai d'abord avec le journaliste Serge Labrosse, du *Journal de Montréal*. Il réalisa une entrevue téléphonique avec moi en m'informant qu'un article paraîtrait le matin même de sa comparution à la cour. Puis, c'est vers le journal *Photo Police* que je me tournai. Je ne prisais guère ce type de journaux à sensation, mais je le savais lu dans le patelin de monsieur Racine et savais aussi que ce journal raffolerait de cette nouvelle. Je fis affaire avec le journaliste Marc Pigeon, qui travaillait pour eux à cette époque. Il me donna rendez-vous pour une entrevue à son bureau, quelques jours plus tard. De nouveau, je dus raconter le détail de mes agressions sexuelles. Il savait comment s'y prendre avec une femme fragile comme moi et eut le tact nécessaire pour me mettre à l'aise. J'ignore pourquoi, mais j'eus immédiatement confiance en lui et je me laissai aller à des confidences. Il prit quelques photographies de moi en me promettant qu'il serait présent à la cour le 3 août, pour photographier à son tour Georges Racine.

Le grand jour arriva, enfin. Bien que n'étant pas forcée d'être présente au Palais de justice cette journée-là, je tenais mordicus à y être pour son premier passage devant la cour. J'avais dormi chez ma mère, à Montréal, avec Tony. Je me levai tôt, après avoir passé une nuit blanche. Je courus acheter le *Journal de Montréal* pour voir l'article de Serge Labrosse. Mon histoire s'étalait sur une demi-page.

J'avais des papillons dans le ventre à penser que le jour J était arrivé. Je savais que des journalistes seraient présents et je ne voulais manquer le spectacle pour rien au monde.

Marc Pigeon, Serge Labrosse et un photographe du *Journal de Montréal* étaient présents. Nous avons alors établi un plan de match pour que ceux-ci puissent reconnaître Georges Racine, afin de le photographier dès son arrivée. J'étais la seule à savoir qui il était. Je me plaçai près de la porte de l'ascenseur, prête à faire signe aux photographes dès que je verrais le bout de son nez. Ceux-ci s'étaient dissimulés derrière un mur pour le surprendre et ainsi éviter qu'il se cache le visage.

Lorsqu'il arriva, je leur fis un signe discret. J'étais très nerveuse. Je ne tenais plus en place. Georges Racine marchait, le dos courbé, le visage vers le sol. Il était accompagné de son fils François, de sa fille Louise et de son avocat, Me Sylvain Fréchette. À la suite de ce dernier, le groupe s'engouffra prestement dans une petite pièce, afin de soustraire l'accusé aux lentilles des caméras qui l'éclairaient de leurs flashes. Ce n'est qu'à la dernière minute, c'est-à-dire une minute avant sa comparution, qu'il en ressortit pour entrer immédiatement dans la salle de cour. Comme les photographes ne sont pas admis dans la salle d'audience, il était protégé. Heureusement, ils avaient eu le temps de photographier l'accusé, humiliant ce dernier du même souffle devant les dizaines de personnes présentes ce matin-là.

Dans la salle, il était assis dans la première rangée, du côté droit. Moi, j'étais dans la première rangée, mais à gauche. J'étais aux premières loges pour ne rien manquer. J'avais peine à croire que j'en étais là, en cour, avec de réelles accusations criminelles contre monsieur Racine. J'étais très nerveuse et présentais tous les symptômes de l'anxiété : maux de cœur, de ventre et de tête.

Puis, la greffier appela son nom. Il se leva et s'avança de quelques pas. Dans ma tête, je me disais : «Envoye, assume!» Par la voix de son avocat, il plaida non coupable aux trois accusations pesant contre lui. Son plaidoyer me surprit, compte tenu qu'il avait avoué devant sa famille et devant les policiers. Je me perdais en conjectures. Je me dis qu'il allait devoir alors attacher ses patins! S'il voulait un procès, il allait en avoir tout un!

Tony me rassura par la suite en me disant qu'il s'agissait uniquement d'une manigance d'avocat pour gagner du temps. D'ailleurs, à la comparution, presque tous les accusés plaident l'innocence. La cause fut remise à une date ultérieure.

À la sortie de la salle d'audience, les photographes ont de nouveau mitraillé Georges Racine de leurs caméras.

– Quand même, il a 74 ans... Laissez-le tranquille un peu...

C'était son avocat, Me Sylvain Fréchette, qui s'adressait ainsi aux photographes en plaçant sa main sur leur lentille et en les bousculant légèrement, afin qu'ils laissent son client en paix. Cette intervention inattendue me fit sortir de mes gonds. Tony réagit lui aussi vivement, lui qui est pourtant d'une nature très calme.

– Elle, elle avait six ans quand il l'a agressée. C'est à son tour maintenant d'avoir peur, même à soixante-quatorze ans!

Au même moment, je m'avançai vers l'avocat pour lui dire ma façon de penser. Il ne m'écouta même pas et en termina très rapidement avec moi.

– J'ai pas le droit de vous parler, madame!

Mais moi, rien ne m'empêchait de lui parler...

– Avez-vous des enfants? J'espère que vous pensez à eux quand vous défendez des salauds comme ça!

Le lendemain matin, le *Journal de Montréal* parlait de nouveau de mon histoire et de la comparution de Georges Racine. Une pleine page m'était consacrée, avec une photo de moi et une autre de Georges Racine à l'appui. La recherchiste de Claude Poirier et de Pierre Pascau, à CKVL, Lise Lapointe, m'a jointe pour réaliser une entrevue, en direct, le matin même. Claude Poirier me félicita pour mon courage et ma ténacité. Le vendredi suivant, le journal *Photo Police* titrait mon histoire à la une avec une photographie de moi. Deux pages intérieures étaient consacrées à ce sujet. J'étais bien contente d'avoir réussi à mobiliser autant de médias. Quelques semaines plus tard, le magazine *Dernière Heure* emboîta le pas en me consacrant deux pages, avec de jolies photos couleurs.

## La fausse peur

Dans les semaines et les mois qui suivirent, même s'il s'agissait de procédures très brèves où la présence de l'accusé n'était même pas requise, je me présentai à la cour. Je ne voulais rien manquer. Rien.

Un matin, alors que la cause était prévue pour 9 h 30, je me rendis bien compte qu'il n'y avait personne, à quelques minutes à peine avant l'heure prévue. Ni monsieur Racine, ni ses enfants, ni les avocats. Je commençais à m'inquiéter lorsque je vis soudainement l'avocat de monsieur Racine apparaître. Lorsqu'il m'aperçut, il parut surpris. Il se dirigea vers moi.

– Vous êtes ici ce matin? Personne ne vous a donc avisée?

Avisée de quoi? Je l'ignorais. Mais j'étais convaincue que Georges Racine était mort et qu'on avait omis de me l'annoncer. J'eus des frissons dans le dos. Je voyais tout s'écrouler devant moi. Je voyais tous les efforts que j'avais mis à faire accuser Georges Racine tomber à l'eau. L'auteur de toute une vie de misère qui ne serait pas puni.

– Ç'a été remis à une autre date!

Ouf! Soulagement. Il me restait encore une chance d'aller au bout de mes convictions. Mais je me rendis compte à ce moment-là à quel point, dans notre système de justice, la victime est la moins bien traitée. D'abord, à deux reprises, et sans m'en aviser, on avait changé le procureur de la couronne assigné à ma cause. Je l'appris avec stupéfaction en me présentant à la cour. Comment pouvait-on changer de procureur dans MA cause, cette personne avec qui il aurait été important de tisser un lien de confiance pour mener notre dossier à terme, sans même m'en aviser? Le fait aussi que Georges Racine ait été averti de la remise de l'audition alors que moi non, me mit hors de moi. Je pensai à lui, qui devait boire sa petite bière dans son garage, alors que moi je m'étais levée tôt, j'avais parcouru de longs kilomètres et j'avais perdu mon entière matinée pour me faire dire que la cause avait été remise. Le peu de considération qu'on eut pour moi, la victime, me choqua réellement. Mais je devais faire avec le système.

Pendant toute cette période, mes relations avec Tony n'allaient pas très bien. Il était fréquemment absent, comme dans la période où j'avais commencé à consommer de la cocaïne. J'étais toujours seule avec les enfants, ce qui m'exaspérait au plus haut point. J'avais entamé un cheminement intérieur lors de ma thérapie, cheminement que j'avais poursuivi au cours de toutes mes démarches. Tony, lui, semblait être demeuré au même point. Nous n'étions plus au même diapason.

Un matin, je me décidai à quitter la maison de Saint-Sauveur avec les enfants, afin d'aller habiter chez ma mère pendant quelques mois. Tony était chagriné, moi de même. Mais j'étais convaincue que c'était la meilleure solution, si je voulais m'offrir le plus de chances possible d'être heureuse.

## Un moment de faiblesse

Puis, près d'un an après la mise en accusation, vint le jour de l'enquête préliminaire de Georges Racine. Cette étape du processus judiciaire vise à faire déterminer par un juge si la preuve que détient la couronne est suffisante pour instruire un procès. On ne s'y prononce pas sur la crédibilité des témoins.

J'avais reçu une citation à comparaître pour me rendre témoigner. J'avais très hâte de raconter à un magistrat tout ce que Racine m'avait fait subir. En entendant mon récit, un juge ne pourrait faire autrement que d'avoir de la sympathie pour moi. Enfin approchait le moment que j'attendais depuis si longtemps, celui de m'adresser à LA personne qui allait le juger.

Ce matin-là, un nouvel avocat de la couronne avait été assigné à la dernière minute à mon dossier. Il se nommait Marc-André Ledoux. Dans un réduit attenant à la salle d'audience 1-25, il me fit part de l'intention de la partie adverse de plaider coupable à deux des accusations portées contre l'accusé : attentat à la pudeur et tentative de viol. En une seconde, je devins verte. Furieuse. Je pleurai. Je n'arrivais pas à saisir pourquoi il n'acceptait pas de reconnaître les pénétrations devant la cour, alors que dans sa déclaration faite à la police, il les admettait! L'avocat me dit alors qu'il fallait être en mesure de prouver son intention de me pénétrer, ce qui n'était pas évident, selon lui. Pourtant, à mon sens, s'il avait placé son pénis là, c'était certainement parce qu'il en avait l'intention. Sinon, que faisait-il là? Je refusais d'accepter ce plaidoyer qui n'avait aucun sens à mes yeux.

M$^{e}$ Fréchette entra dans le petit bureau pour me parler.

– Tu es super intelligente, Nathalie, j'ai rarement vu ça, une victime qui se donne autant pour mener un combat comme tu l'as mené. Tu sais, mon client prend ça dur... Tu lui as déjà fait beaucoup de mal avec les médias et tout... J'ai de la mortalité dans ma famille et je ne suis même pas supposé être ici ce matin. Je suis venu juste pour régler ce dossier.

Je ne voulais rien entendre. S'il ne voulait pas admettre les pénétrations, j'étais prête à aller en procès.

Le policier Brunelle, en qui j'avais la plus grande confiance, me prit alors à l'écart et m'emmena dans une autre petite salle pour me parler, seul à seule. Il me fit comprendre que je pouvais tout perdre en allant jusqu'au procès, alors qu'en acceptant ce plaidoyer de culpabilité sur des accusations réduites, au moins, j'avais la certitude qu'il serait déclaré coupable. Il me fit comprendre que de tenir un procès sur des incidents survenus vingt ans plus tôt n'était pas gagné d'avance.

En moi, l'enfant blessée et l'adulte qui souhaitait en finir s'affrontaient. C'était un combat déchirant qui se tenait dans mes entrailles. J'avais les émotions à fleur de peau. Je ne savais que faire lorsque nous nous sommes retrouvés dans la salle de M^e^ Ledoux.

Plus tard, M^e^ Fréchette revint dans la petite pièce. Cette fois, il était porteur d'un message de la part de la famille Racine. Il me suppliait presque d'accepter le marché.

– La famille Racine veut que tu acceptes le marché et te demande pardon!

J'eus comme un *black-out*. Je ne voyais plus rien et me suis mise à pleurer. J'avais de la difficulté à respirer. La surcharge d'émotions contenue en moi s'échappait. Je me sentis soudainement très coupable d'avoir fait vivre un calvaire aux membres de la famille Racine. Je n'avais rien contre eux, même que je les aimais beaucoup. Mais la croisade entreprise contre le chef de leur famille leur avait causé énormément de tort. Clément Brunelle, M^e^ Ledoux, M^e^ Fréchette et la famille Racine souhaitaient tous la même chose: un plaidoyer de culpabilité.

J'étais la seule dissidente. Je suis forte et déterminée de nature, mais ces moments intenses en émotions m'ont rendue momentanément plus faible. On m'expliqua aussi que si je souhaitais un procès, une date lointaine serait fixée et j'allais devoir attendre encore plusieurs mois. Je cédai et j'acceptai. Je regardai toutefois chacun d'eux fixement dans les yeux, en m'arrêtant sur Me Ledoux.

– O.K., mais je veux être entendue par le juge avant que Georges Racine ne soit condamné.

– D'accord, madame Hébert, je vous ferai signe lorsque le moment sera venu.

Quelques minutes plus tard, nous sommes entrés dans la salle d'audience. Je me suis assise à l'avant pour assister au plaidoyer de culpabilité de mon agresseur. Tout se fit très rapidement, dans un charabia juridique incompréhensible. Des larmes mouillaient mes joues. J'ignore si je pleurais de joie de le savoir enfin coupable aux yeux de la loi ou encore de peine de le savoir innocent relativement à une accusation pour un viol qu'il avait réellement commis.

Au moment de quitter le Palais de justice de Joliette, je pleurais toujours. Je regrettais d'avoir cédé et d'avoir accepté qu'il ne reconnaisse pas sa culpabilité à la pire des accusations. Je m'en voulais d'avoir été faible à un moment où je me devais d'être forte. Ils avaient eu raison de ma vulnérabilité. L'enfant en moi avait accepté ce pacte. Racine avait lui-même avoué devant sa famille et dans une déclaration à la police, et là, j'acceptais que, officiellement, il ne m'ait pas violée! Mais, ce qui était fait était fait! J'entendais bien mettre le paquet lors de mon témoignage à venir devant le juge, pour le faire condamner. J'avais bien l'intention de lui faire comprendre la vie misérable à laquelle j'avais été forcée, à cause de lui, entre autres.

Je compris, par la suite, qu'à l'intérieur du processus judiciaire, la victime a un rôle moins important que l'accusé, puisqu'elle ne constitue qu'un témoin. De plus, j'appris que l'avocat de la couronne ne me représentait pas, mais représentait la reine, de sorte que Me Ledoux n'avait pas l'obligation d'obtenir mon consentement pour accepter le plaidoyer de culpabilité de monsieur Racine. Il s'agit là d'autres faits qui nous font sentir, nous, les victimes, comme de simples accessoires dans le système.

**Ma version**

Peu de temps après, je fus mise en contact avec une autre victime d'agression sexuelle. Diane, qui demeurait aussi dans ma région et avait choisi de poursuivre son agresseur sexuel trente ans après avoir été victime d'abus. Nous nous sommes liées d'amitié, puisque nous nous rejoignions sur certains points. Son agresseur sexuel avait lui aussi reconnu sa culpabilité aux accusations portées contre lui et attendait sa sentence. Vraiment, nos cas se ressemblaient.

Un mois avant le prononcé de la sentence de Georges Racine, elle m'invita à assister à la condamnation de son agresseur, Tony Piazzetta, un homme qui avait des antécédents en matière criminelle. C'était le même juge que celui qui jugeait ma cause. Piazzetta écopa de trois mois de prison. Puisque Georges Racine n'avait aucun antécédent judiciaire, je ne me fis pas d'illusions quant à la sentence qui allait lui être imposée. Puisque Piazzetta avait des antécédents et qu'il avait écopé de trois mois, j'imaginais que monsieur Racine n'aurait qu'une tape sur les doigts.

Les avocats avaient prévu débattre de la sentence le 8 janvier, à quatorze heures. Ce fut effectivement ce qui se produisit. J'étais assise dans la salle d'audience, Georges Racine aussi. J'écoutais Me Ledoux faire son exposé au juge Maurice Parent. J'étais si nerveuse. Je voulais témoigner à tout prix. Bien que quelques mois plus tôt, Me Ledoux m'avait dit qu'il m'indiquerait le moment d'aller témoigner, j'avais de la difficulté à lui faire confiance. Je craignais qu'il m'oublie. De plus, un ami avocat, Pierre Panachio, m'avait souligné l'importance de mon témoignage. C'était donc capital pour moi...

En plein milieu de son discours, je me levai et l'interrompis. Le juge, par-dessus ses lunettes appuyées sur le bout de son nez, jeta un regard interrogateur en ma direction.

– Je m'excuse, monsieur le juge, mais je suis la victime dans cette cause-ci et je souhaite me faire entendre.

Très ouvert, le magistrat m'offrit de prendre place dans le prétoire et de témoigner à une date à venir. Je fus surprise de la gentillesse du juge Parent et de son ouverture. N'ayant pas suffisamment le temps de le faire cette journée-là, il ajourna la cause et la reporta trois mois plus tard. Je trouvai le délai considérablement long, mais considérai qu'il valait la peine de patienter un peu pour être entendue par la cour. J'attendis avec impatience ce moment, qui arriva le 24 avril.

Après que la greffière m'eut fait promettre de dire la vérité, toute la vérité, rien que la vérité, M^e^ Ledoux me posa quelques questions pour la forme. Je dis pour la forme parce qu'il ne dirigeait pas vraiment l'interrogatoire, puisque j'étais préparée et que je savais exactement ce que j'allais dire à cet homme vêtu de noir et de rouge qui trônait devant moi.

Je soulignai d'abord au juge que je comprenais mal le plaidoyer de culpabilité sur deux seuls des trois chefs d'accusation, puisqu'il avait avoué aux policiers qu'il m'avait pénétrée. Mon intervention eut tôt fait de faire bondir M^e^ Fréchette, qui formula une objection au tribunal. Il soutenait que je ne devais guère parler de cette portion des abus, parce qu'aux yeux de la loi, elle n'existait pas, étant donné que monsieur Racine était innocent de celle-ci. Mais le juge rejeta son objection, voulant continuer de m'entendre. M^e^ Fréchette dut donc se rasseoir, victime d'un premier revers.

Puis, je soulignai ce que je considérais comme le fait aggravant de cette cause, c'est-à-dire que j'avais été placée chez les Racine par les Services sociaux, pour ma sécurité, et qu'il avait abusé de ma confiance, de mon innocence. Je ne manquai pas de lui dire à quel point j'avais sombré dans l'alcool et la drogue quelques années plus tard, conséquences directes et indirectes des abus de Georges Racine. Je soulignai au magistrat que jamais je n'avais eu une vie normale, notamment avec mes enfants, que j'avais connu aussi des troubles dans ma vie sexuelle et que j'avais vécu toute ma vie sous un stress incessant, une culpabilité et les remords.

Je lui parlai aussi du fait que ma fille, Daphné, n'avait jamais joué avec une corde à danser, tant ce jeu était pour moi le symbole de la torture sexuelle. Je lui soulignai que j'étais devenue une mère surprotectrice avec ses enfants, n'ayant jamais eu le courage de les confier à une petite gardienne le soir, le temps d'aller au cinéma ou au restaurant. Seule ma mère avait eu mon assentiment pour faire du *baby-sitting*.

Puis, il fallut bien que je dise au juge ce que je pensais de la notion de punition.

– Pour moi, monsieur le juge, une punition doit être quelque chose de contraignant. Monsieur Racine doit être contrarié en étant privé de quelque chose. Pour moi, une punition, dans son cas, c'est la prison. Je ne crois pas que le sursis soit une bonne solution, puisqu'il va retourner boire sa petite bière dans son garage, comme si de rien n'était. À l'âge de six ans, il m'a arrachée à la petite fille que j'étais. Aujourd'hui, à soixante-quinze ans, il est assez mature pour assumer ses responsabilités. Il est important aussi de prendre en considération les raisons pour lesquelles j'ai été placée chez les Racine.

Je racontai aussi au magistrat le fait que monsieur Racine avait agressé un jeune garçon par le passé. Bien que ce cas n'avait pas été judiciarisé, l'incident s'était produit, ce qui m'avait été confirmé par sa fille Louise. Mon affirmation fit bondir de nouveau M^e^ Fréchette, qui formula une autre objection. Selon lui, je n'avais pas à parler de cet incident parce qu'il n'avait pas été prouvé devant le tribunal. Le juge Parent eut tôt fait de réfuter son objection pour me laisser poursuivre.

Mon témoignage dura près d'une demi-heure. Puis, les avocats firent valoir leurs positions, diamétralement opposées faut-il le préciser. M^e^ Ledoux réclamait une sentence de prison de deux ans moins un jour, ce qui aurait évité à l'accusé de se retrouver dans un pénitencier. Par contre, avec ces peines de juridiction provinciale, une nouvelle loi permettait au juge de prononcer une sentence avec sursis, c'est-à-dire que l'accusé, même condamné à la captivité, purgerait sa peine dans la collectivité, en toute liberté! Le sursis, c'est ce que je craignais le plus, compte tenu de l'âge de monsieur Racine. Me Ledoux prit le temps de faire valoir au président du tribunal que le sursis n'était pas de mise dans cette cause.

Quant à Me Fréchette, il souligna au juge Parent tous les facteurs militant en faveur de son client. Il reconnaissait que les abus sexuels avaient eu des séquelles sur ma vie, sans toutefois mettre tous les malheurs de mon existence sur le dos de ces agressions sexuelles. Il indiqua que la confrontation et la médiatisation avaient causé un solide choc à son client. Depuis ce temps, il vivait reclus dans ses quartiers. Il ne manqua pas de préciser le fait que Georges Racine avait plaidé coupable aux accusations, évitant du même coup un procès long et coûteux à la société. Prétendant qu'il s'agissait d'un cas exceptionnel, il réclama une peine avec sursis. Au terme de ces représentations, le juge ajourna la cause pour un mois et demi. Décision : le 5 juin. J'allais alors vivre quarante et un jours d'angoisse, de nervosité, d'inquiétude et de questionnement de plus.

## Le *Match*

Une semaine avant de connaître enfin le verdict du tribunal et de mettre un terme à près de trois années de démarches, je reçus un appel inattendu à la maison.

– Bonjour, madame Hébert, je suis Brigitte Vincent, journaliste à l'émission *Le Match de la vie*, à TVA...

J'avais sollicité une entrevue à cette émission au tout début des procédures, plusieurs mois plus tôt. Ma demande était restée lettre morte. Du moins jusque-là! Tout à coup, elle se montrait intéressée à faire un reportage sur mon cas. La journaliste fut bien surprise d'apprendre que la cause n'était pas encore terminée. Elle le fut encore plus de savoir que la sentence devait être prononcée une semaine plus tard. Nous avons discuté longuement ensemble, au téléphone. En raccrochant, elle me dit qu'elle allait en parler à son patron et me rappeler sous peu. J'espérais que tout ne tomberait pas à l'eau comme lors de ma première demande...

L'attente ne fut vraiment pas longue cette fois. Elle me téléphona de nouveau. Elle en avait parlé à son patron et avait une proposition formelle à me faire.

– Accepterais-tu que l'équipe du *Match de la vie* te suive au cours de cette dernière journée de ce long combat?

Évidemment, je ne me fis pas prier pour accepter. Pas tant du fait que j'étais en mal de publicité, mais plutôt parce que j'avais un message à passer.

Pour cette dernière journée, fatidique, au Palais de justice, ma mère manifesta le désir d'être présente. Cette incursion de ma mère dans cette affaire, qui avait été et qui était demeurée la mienne tout au long de ma vie, me mit hors de moi. Alors qu'elle n'avait jamais cru en cette histoire, alors qu'elle avait toujours soutenu que j'avais vécu ces agressions dans ma tête, alors que pour elle je lui avais toujours menti sur ce sujet, alors qu'elle n'avait jamais eu le courage de m'appuyer tout au long de ces difficiles démarches, elle voulait maintenant être présente. C'était hors de question!

– Tu n'as jamais été là quand j'avais besoin de toi, tu n'as jamais cru en cette histoire, alors aujourd'hui, laisse-moi vivre ça sans toi!

Honnêtement, j'espérais toujours, chaque fois que je mettais les pieds au Palais de justice, qu'un membre de ma famille allait me surprendre par sa présence. Pour me soutenir. Pour prouver leur confiance en moi. Mais jamais personne ne vint. J'en restai toujours amère.

L'équipe du *Match de la vie* filma mon arrivée au Palais de justice de Joliette, mon entrée dans l'édifice, mes sentiments et mes états d'âme peu avant le prononcé de la sentence. Alors que le cameraman nous filmait en pleine discussion, sur le trottoir ceinturant le Palais de justice, nous avons croisé, par le plus pur des hasards, Georges Racine et sa fille qui arrivaient. Je fus mal à l'aise un instant, avant de me dire que c'était à lui de se sentir mal à l'aise, et non à moi.

De nouveau, dans les couloirs du Palais de justice, la caméra de TVA humilia Georges Racine devant la centaine de personnes qui traînaient dans les couloirs. Plusieurs badauds de la région de Sainte-Julienne s'étaient aussi déplacés pour l'occasion. Georges Racine était pointé du doigt et plusieurs chuchotaient en se demandant ce qu'il pouvait bien avoir fait pour être ainsi l'objet de tant d'attention de la part de la télévision.

Je m'attendais bien à voir madame Racine se pointer à la cour une journée ou l'autre, mais ce ne fut pas le cas ce jour-là, pas plus qu'un autre au cours de toutes ces procédures. Jamais elle ne mit les pieds au Palais de justice. Pour la dernière journée de toute cette saga, Georges Racine était accompagné de ses deux filles, Louise et Danielle. Ces dernières n'osèrent cependant pas monter au second étage, où sont situées les salles d'audience, préférant demeurer discrètes et ne pas s'afficher publiquement avec leur père. Elles avaient vu les caméras de TVA, ce qui les avait probablement effrayées. Leur père se retrouva donc seul dans la salle d'audience pour entendre sa sentence.

## La dernière scène

Notre cause fut l'une des premières à passer ce matin-là. Je ne tenais plus en place. Je faisais confiance au juge car je le croyais juste. J'avais hâte de connaître sa décision. J'étais assise dans la toute première rangée pour ne rien manquer. Je voulais entendre, comprendre et assimiler chacune des paroles que le juge allait prononcer. Le moment de vérité approchait.

Avant que le juge ne commence à prononcer sa sentence, Georges Racine avait pris place dans le prétoire, debout. Me Fréchette demanda au magistrat la permission pour que son client puisse s'asseoir, ce que le président du tribunal lui refusa en marmonnant je ne sais trop quoi. Puis, il récita le libellé exact des accusations auxquelles monsieur Racine avait reconnu sa culpabilité. Il résuma la façon dont les agressions se produisaient et établit la fréquence de celles-ci. Il souligna par la suite le fait que j'avais dénoncé ces abus au cours de ma jeunesse, mais que personne ne m'avait crue. Tout ceci m'avait causé un traumatisme grave, avait retenu le juge.

Puis, il parla de l'accusé. Il semble que celui-ci avait été plongé dans une profonde dépression vers l'âge de 50 ans. Il était devenu impuissant au cours de ces années, ce qui avait amené des difficultés sexuelles importantes avec son épouse et, par conséquent, les agressions dont j'avais été victime. Selon ce que monsieur Racine avait dit au fonctionnaire qui avait établi le rapport présentenciel sur lequel le juge se basait, il souhaitait emporter ce secret dans la mort sans jamais en avoir parlé à personne. Voilà que j'étais venue contrecarrer ses plans! Le juge retint aussi le fait que l'accusé avait des regrets et qu'il devait composer avec la honte.

La notion de vengeance fit aussi partie de son discours. Il indiquait que la vengeance ne devait pas exister dans ce genre de cause et ne devait jamais être le début d'une sentence et une notion à évacuer dès le début du processus.

Puis, il se mit à parler de la détermination de la peine. Selon le Code criminel, les deux accusations sont respectivement passibles de dix années et cinq années de prison. En s'adressant à Georges Racine, le juge parla de «gestes inqualifiables» et d'une «trahison de la confiance que la société lui a manifestée».

– Votre rôle aurait été de représenter une figure paternelle sécurisante; ce fut plutôt le contraire! La position d'autorité dans laquelle vous étiez est un facteur aggravant. [...] La peine à infliger devra comporter un aspect d'exemplarité sans équivoque susceptible de dissuader quiconque de se lancer dans une telle entreprise. [...] L'écoulement du temps n'enlève rien à la gravité des gestes posés, non plus qu'à la nécessité d'imposer une peine exemplaire et dissuasive.

J'aimais bien entendre cet homme d'autorité faire la morale à Georges Racine. C'était ma récompense. L'accusé était debout, tête baissée, et écoutait les remontrances du juge sans réaction. J'avais hâte de connaître le dénouement.

– Le tribunal en vient à la conclusion qu'il s'agit d'un cas où une peine d'emprisonnement doit être imposée.

Le juge cita alors des cas de jurisprudence où, dans des cas similaires, des sentences très disparates avaient été prononcées, allant de trois mois à deux ans de détention.

– Le tribunal en arrive à la conclusion qu'une peine d'une année d'emprisonnement est une peine appropriée.

La joie montait en moi comme le mercure d'un thermomètre au soleil. Je voyais déjà Georges Racine prendre le chemin des cellules. Mais ma joie fut rapidement mitigée lorsque le juge se mit à parler de peine avec sursis. Parce qu'après avoir déterminé qu'une privation de liberté s'appliquait, il devait déterminer s'il devait être privé de sa liberté en prison ou encore en société. Le juge mit du temps à expliquer trois anciens jugements où, dans des cas similaires, le sursis n'avait pas été accordé aux accusés. Puis, il tira enfin ses conclusions.

– Il ne s'agit pas d'un cas où une peine avec sursis devrait être accordée. En conséquence, monsieur Racine, sur le premier chef d'accusation, vous êtes condamné à un an d'emprisonnement. Sur le second chef, vous êtes condamné à six mois d'emprisonnement. En plus, vous êtes condamné à une probation de deux ans. [...] Il vous sera interdit de communiquer avec la victime, Nathalie Hébert. Vous devrez aussi verser une amende de trente-cinq dollars dans un délai de dix-huit mois.

Pendant que des gardiens passaient les menottes aux poignets de Georges Racine et qu'ils l'emmenaient vers les quartiers de détention, je saluais le juge en lui envoyant des baisers du bout de mes doigts. C'est en pleurant de joie et de satisfaction que je sortis de la salle d'audience pour me jeter dans les bras de Tony.

# Épilogue

Toutes les démarches ayant mené à la condamnation de Georges Racine drainèrent pas mal mon énergie. Pour réussir à remonter la pente et à mener une vie à peu près normale, après l'effervescence des procédures judiciaires, je dus m'appuyer sur une béquille. Celle que je connaissais le mieux fut l'alcool. Je consommai donc du vin. Beaucoup de vin. Non pas que j'en abusais, mais il faisait partie de ma vie quotidienne. Quelques coupes en soupant, quelques autres avant d'aller au lit, question de me relaxer. Au fond de moi, je savais que c'était mal. Mais je tentai de ne pas y penser, puisque j'avais de la difficulté à retrouver ce courage nécessaire pour cesser toute consommation.

La dernière fois que je bus vraiment beaucoup, fut lors de la diffusion de l'émission *Le Match de la vie*, le 2 septembre 1997. Ils avaient choisi d'ouvrir la nouvelle saison avec ce reportage qui me concernait, percutant par son humanisme. Je décidai de visionner le reportage, seule, chez moi. J'étais si nerveuse que ma béquille fut plus que nécessaire. Ce fut tout un choc que de revoir mon histoire racontée à la télévision, dans un reportage d'une vingtaine de minutes. Déjà trois mois s'étaient écoulés depuis le tournage. Je me trouvais pourtant si changée. Il était évident que la fin des procédures m'avait fait du bien et m'avait reposée. À la caméra, je voyais mes traits tirés, mon visage amoché, mes yeux cernés...

Ce soir-là, je bus tant de cafés brésiliens que j'en perdis complètement la tête. Ce fut ma dernière cuite. Ma cousine Carole, qui demeurait à deux pas de chez moi, avait vu le reportage et avait cru bon venir me voir à la maison. C'est elle qui me trouva dans un piteux état et qui me traîna jusqu'à mon lit. Un épisode dont je ne me souvins même plus le lendemain matin...!

À la suite de la diffusion de cette émission, les choses ne furent jamais plus les mêmes dans mes relations familiales. Elles n'avaient jamais été excellentes, j'en conviens, mais à partir de cet instant, elles se détériorèrent davantage. Au cours de cette entrevue, je mentionnais que ma famille ne m'avait jamais vraiment soutenue durant ces rudes épreuves. J'ai dit que de famille, je n'en avais jamais vraiment eue...

Un froid s'installa entre nous. À part ma mère, personne ne m'appela jamais pour prendre de mes nouvelles. Ma sœur Martine, de qui j'étais pourtant très proche (assez pour qu'elle me choisisse pour être la marraine de son fils), m'avait parlé la veille de la diffusion du *Match de la vie*. Tout semblait normal. Au lendemain de la présentation du reportage, je lui téléphonai. Elle me dit qu'elle était sur une autre ligne et qu'elle allait me rappeler. Jamais nous ne nous sommes reparlé ensuite...

Quant à ma sœur Linda, elle m'avait déjà dit qu'elle ne m'aimait pas, qu'elle ne m'avait jamais aimée et qu'elle ne m'aimerait jamais. Évidemment, la diffusion du reportage n'améliora pas les choses. Il semble que la vérité choque...

Pour moi, si elles agissent de cette façon, c'est qu'elles souffrent intérieurement. Elles n'ont rien réglé dans le cadre d'une démarche personnelle, comme j'avais eu l'occasion de le faire. Nous n'étions plus sur la même longueur d'onde. Lorsqu'on n'est pas en paix avec soi-même, il est bien difficile de l'être avec les autres.

L'une des seules personnes qui eut une attitude positive envers moi à la suite de cette émission fut une parfaite inconnue. Une dame de Saint-Eustache qui me fit parvenir une carte de vœux et une lettre personnelle remplie de jolies pensées. Mes proches n'en firent pas autant...

Et puis, il y a ma sœur Manon, qui avait été placée dans une famille d'adoption et que je perdis de vue pendant près de vingt ans. Je la retrouvai à l'âge de vingt-deux ans, à l'époque où je me droguais. C'est par un heureux hasard que nous l'avons retrouvée, parce que celle qui joua auprès d'elle le rôle de mère refusait de faciliter toute communication entre Manon et nous. C'est un ami commun de Manon et de Martine qui, lors d'une discussion, s'aperçut qu'elles pouvaient être sœurs. Manon l'apprit et téléphona un jour chez ma mère. Nous l'avons retrouvée de cette façon.

À la mi-novembre 1997, j'appris la libération conditionnelle de Georges Racine, après cinq mois d'incarcération. Discrètement, j'étais en contact avec un gardien de prison du centre de détention de Saint-Jérôme. Je lui passais un coup de fil à l'occasion, question de prendre des nouvelles de monsieur Racine.

J'eus beaucoup de difficulté à accepter son élargissement, et j'en fis une crise. Je pleurai beaucoup et pris quelques verres de vin, question de mieux faire passer la pilule. Je ne pouvais concevoir qu'après m'avoir fait commencer ma vie sur un si mauvais pied, il n'avait purgé que cinq mois, moins de la moitié de sa sentence. Puis, je me raisonnai. Je me remémorai alors les trois objectifs initiaux qui m'avaient poussée à porter plainte contre lui: 1. Être reconnue comme victime. 2. Que justice soit rendue. 3. Qu'il fasse de la prison. Je me suis demandé si ces trois buts avaient été atteints et je ne pus faire autrement que de répondre par l'affirmative. J'avais réussi sur toute la ligne. Alors, pourquoi diable avais-je cette attitude? C'est à partir de cet instant que je décidai de me déclarer satisfaite du résultat final.

De toute cette aventure, je demeure amère sur un seul plan : de n'avoir pu poursuivre en justice Frédéric, le travailleur social de la DPJ. Pas que je n'y songeai pas ou que je choisis de ne pas le faire, mais plutôt que je ne pouvais le faire. Je me rendis rapidement compte qu'une prescription de deux années m'empêchait d'aller plus loin sur cette voie. Il aurait fallu que je porte plainte contre lui dans un délai de deux ans. C'était peine perdue : plus de vingt ans plus tard!

J'espère néanmoins qu'il a lu les journaux, a écouté la radio et a regardé la télévision lorsqu'il était question de moi. Je souhaite qu'il ait eu une bonne frousse d'être poursuivi et surtout, qu'il ait compris qu'il ne fallait pas prendre la parole d'une enfant à la légère. Il vaut mieux faire une petite enquête qui ne mènera nulle part que de laisser des enfants aux mains d'un abuseur et de bafouer une enfant en lui répétant qu'elle a vécu de telles atrocités dans sa tête.

Je n'entretiens plus aucun contact avec les trois tantes qui m'ont soumise à des supplices physiques durant mon enfance. Jamais tante Nicole ne manifesta un seul regret devant moi, pour m'avoir maltraitée comme elle l'avait fait. Quant à Rollande, à une seule occasion, alors que je me préparais à sortir avec des amis, elle s'ouvrit à moi. Appuyée sur le cadre de ma porte de chambre, elle m'avoua que j'étais tout ce qu'elle avait toujours rêvé être. Pour toute réponse, je lui demandai de s'en aller. Je réussis toutefois à obtenir une certaine satisfaction: lorsque je travaillais au Cocktail Super Club et qu'elle y venait, je m'arrangeais pour la saouler. De connivence avec les autres *barmaids*, je la faisais boire à mes frais. Tellement qu'un soir, elle descendit l'escalier en roulant!

La seule qui fit vraiment preuve d'un peu de regrets envers moi fut ma tante Monique qui, plusieurs années plus tard, s'excusa de m'avoir fait battre par mes cousines et fait avaler des aiguilles lorsqu'elle demeurait chez Rollande. À l'époque, je l'envoyai paître, mais je suis plus conciliante aujourd'hui, avec cet aveu de culpabilité. Une faute avouée est à demi pardonnée!

Je repris contact avec mon amie Nathalie, peu après la diffusion du *Match de la vie*. Elle fut très contente d'avoir enfin de mes nouvelles. C'est que, durant les procédures que j'avais entreprises contre Georges Racine, je l'avais mise un peu de côté, question de ne pas ennuyer les autres avec ça. J'appris par le fait même qu'elle était enceinte de son troisième enfant et qu'elle devait accoucher à tout moment. Elle me fit même l'honneur de m'inviter à son accouchement.

Quant à mon ami Louis, que je respectais énormément, je le perdis. Nous nous racontions tout, mais j'avais choisi, à une certaine époque, de lui cacher le fait que j'étais devenue alcoolique et cocaïnomane. J'avais préféré omettre volontairement de lui dire toute la vérité afin de conserver cette amitié. Je craignais qu'il me rejette s'il apprenait la vie que je menais à ce moment-là.

Par la force des choses, il l'apprit et la relation ne fut plus jamais la même. Puis, après mon passage au pavillon du Nouveau Point de vue, il m'encouragea à aller de l'avant dans mes procédures contre Georges Racine. Louis a toujours pensé que je ne devais pas en rester là avec cette histoire. Il croyait en moi et louait mon courage et ma détermination.

Lors d'un repas au restaurant Capri, il me semblait bien mal à l'aise. Soudain, il me regarda droit dans les yeux et prit la parole.

– Nathalie, j'ai quelque chose à te demander...

– Vas-y, Louis, tu n'as pas l'habitude de te gêner avec moi. Tu sais que tu peux tout me dire.

– Nathalie, j'aimerais que nous fassions l'amour ensemble!

Je m'étouffai presque avec ma bouchée! Je ne pouvais en croire mes oreilles. Mon meilleur ami qui voulait baiser avec moi. C'était le bouquet! J'évitai de lui donner une réponse précise, bien que, dans mon esprit, je fus formellement négative. Quelques jours plus tard, je lui fis part de ma décision de dire «non». Il me mit de côté et notre relation prit fin là-dessus. J'appris qu'il s'était marié en août 1997.

Tony et moi sommes restés séparés et je ne crois pas que les relations pourraient reprendre entre nous. Il fut sans contredit l'homme de ma vie, celui que j'ai le plus chéri. Nous avons toujours gardé des relations cordiales, ne serait-ce qu'en raison des enfants que nous avons ensemble. Daphné et Marco voient régulièrement leur père et ils ne manquent de rien.

Les membres de ma petite famille sont certes les gens les plus importants de ma vie. Tony est celui que j'ai aimé plus que tout; même s'il me fit passer par toutes sortes d'émotions, il fut l'homme de ma vie. Il m'avait fait du mal et ne m'avait pas aimée comme j'aurais voulu l'être, soit, mais il m'avait aimée tout de même. Je ne crois pas un jour aimer un autre homme aussi fort que je l'ai aimé. Bien que nous soyons séparés, les relations entre nous sont très cordiales.

Tony a toujours été près de ma mère. Souvent, il demeura chez elle. J'avoue que je n'ai jamais vraiment compris pourquoi il s'incrustait ainsi chez elle. Même après notre séparation. Il est assez particulier pour moi d'appeler chez ma mère et d'entendre Tony, ou encore d'y aller et qu'il y soit. C'est une relation particulière, mais que j'accepte.

Pour ce qui est de ma mère, je ne lui en veux plus comme je lui en ai déjà voulu. J'ai compris que pour agir comme elle le faisait avec nous, elle devait vivre des problèmes profonds. J'ai compris parce que moi aussi je suis passée par là. Aujourd'hui, bien que je n'adhère pas nécessairement à son mode de vie et que certains de ses comportements m'agacent, je l'accepte. Elle est ma mère.

Mes enfants, c'est la prunelle de mes yeux, ce qui compte le plus pour moi. Je les remercie d'être venus dans ma vie. Ils m'apportent l'amour qui me manquait tant. En retour, je leur en ai donné tout autant. Sauf peut-être pendant les dix-huit mois où je dus les confier à ma mère pour continuer de faire la fête.

Pour l'une des premières fois de toute ma vie, j'avoue ici avoir renié mes enfants. Pas parce que j'en avais honte, mais plutôt par crainte d'être jugée par les autres. Jamais je n'en ai parlé auparavant. Et c'est douloureux. Même si j'ai caché leur existence pendant un certain temps, je tiens à souligner à quel point je suis fière d'eux et que je les aime. À maintes reprises, j'ai refusé de mourir pour leur permettre d'être heureux. Pourtant, eux, ils étaient là lorsque maman allait mal. Ils n'ont pas cessé de m'aimer et de me sourire. Mes enfants, c'est ma plus grande fierté. J'ai envie de les soutenir dans leurs rêves, pour qu'ils s'épanouissent et soient bien dans leur peau. J'espère qu'ils sauront comprendre la douleur que j'ai éprouvée lorsqu'ils liront ce bouquin... et qu'ils sauront aussi me pardonner.

Tony m'a fréquemment suggéré d'écrire un livre sur ma vie. J'ai longtemps hésité, incertaine de vouloir me rendre aussi accessible. Mais j'ai décidé de le faire, avant de prendre le tournant de la trentaine. Non pas pour me plaindre ou être prise en pitié, mais pour lancer des messages.

D'abord des messages d'espoir aux enfants victimes d'abus. Il ne faut pas craindre de dénoncer son agresseur, même si on croit l'agression sans gravité. Il n'y a pas de petites agressions. Une agression est une agression. Dans tous les cas, c'est pareil. Seule la victime change.

Un message d'espoir aux toxicomanes aussi. Il est possible de s'en sortir et de mener une vie paisible, loin de l'alcool et des drogues. D'ailleurs, à ce sujet, je prêterai ma plume à mon ami Patrick qui, au bout du rouleau, a choisi de s'enlever la vie plutôt que d'affronter sa difficile réalité, au moment même où j'ai entrepris l'écriture de ce récit. Patrick a laissé une longue lettre d'adieu dans laquelle il a voulu faire connaître son message, et je tiens ici à publier ces quelques mots tirés de cette lettre :

> «Je vous écris ce petit mot tout simplement pour partager mes souffrances avec vous tous, qui trouvez mon départ incroyable mais vrai. Je veux être un exemple pur et vrai que la DROGUE, c'est là qu'elle vous mènera. Alors

> accrochez-vous à autre chose qu'à cette merde sale. J'ai 25 ans et j'avais tout ce qu'un gars peut désirer, et j'ai tout, tout, tout perdu. Même mon amour-propre. Ça m'a détruit à petit feu et elle a réussi à me tuer. BIÈRE + COKE = MORT. »

C'est justement après ses funérailles que je me suis décidée à cesser de boire de façon définitive. Je me suis rendue à une rencontre des Alcooliques Anonymes, afin d'y prendre mon jeton du renouveau. Une étape difficile, puisque j'ai dû admettre ma faiblesse, admettre que j'avais rechuté. Mais le message de Patrick m'a fait beaucoup réfléchir. Le chapeau me va, alors je l'ai porté...

Je prends le tournant de la trentaine et ferme la boucle en publiant cette autobiographie. Pour me retrouver un peu, faire la paix et me reconstruire une santé, j'ai loué une coquette petite maison en bordure du fleuve Saint-Laurent, dans la région de Lanaudière, où j'ai consacré beaucoup de mon temps à cet ouvrage. J'y ai retrouvé une paix intérieure qui m'a rendue prête à affronter les années à venir, avec mes enfants, et un ange gardien nommé Pat pour veiller sur nous.

Quiconque souhaite communiquer avec l'auteur de cette autobiographie peut le faire par courrier à:

Éditions Trustar,
2020, rue University, bureau 2000
Montréal (Québec)
H3A 2A5

ou par courrier électronique à l'adresse suivante:

nhebert@pandore.qc.ca

imprimerie gagné ltée

IMPRIMÉ AU CANADA